WordPress
Basis

Praktisch Toegepast

2026, Roy Sahupala

Belangrijke opmerking

De methodes en programma's in deze handleiding zijn zonder inachtneming van enige patenten vermeld. Ze dienen alleen maar voor amateur- en studiedoeleinden. Alle technische gegevens en programma's in dit boek zijn door de auteur met de grootste zorgvuldigheid samengesteld en na een grondige controle gereproduceerd. Toch zijn fouten niet volledig uit te sluiten. De uitgever ziet zich daarom gedwongen erop te wijzen dat ze noch enige garantie, noch enige juridische verantwoordelijkheid of welke vorm van aansprakelijkheid op zich kan nemen voor gevolgen die voortvloeien uit foutieve informatie. Het melden van eventuele fouten wordt door de auteur altijd op prijs gesteld.

We willen je erop wijzen dat de soft- en hardwarebenamingen die in dit boek worden vermeld, evenals de merknamen van de betrokken firma's meestal door fabrieksmerken, handelsmerken of door het patentrecht zijn beschermd.

Auteur:	R.E. Sahupala
ISBN/EAN:	9798344430409
Eerste druk:	02-02-2020
Editie:	01-26 KDP
NUR-code:	994
Uitgever:	WJAC - Independently published
Website:	www.wp-books.com/basics

Met speciale dank aan:
Mijn lieve vrouw Iris van Hattum en onze zoon Ebbo Sahupala.

INHOUDSOPGAVE

INTRODUCTIE

Wil je zelfstandig een professionele website maken, zonder enige technische kennis, waarbij sprake is van regelmatig wisselende content? Dan
kom je snel uit op een Content Management Systeem. Er bestaan verschillende Content Management Systemen, waaronder WordPress.

De reden waarom ik voor WordPress kies, hangt af van een aantal factoren.
De belangrijkste reden voor mij als webdesigner is de gebruiks- en onder-
houdsvriendelijkheid van het systeem. Een webdesigner kan dit systeem
snel installeren en het is eenvoudig te onderhouden. Hierdoor kan een klant
direct aan de slag.

Voor het opzetten van een WordPress site kun je kiezen uit diverse gratis
beschikbare templates. In dit boek laat ik zien hoe je WordPress kunt installeren, configureren en beheren. Daarnaast laat ik zien hoe je het systeem
kunt uitbreiden met noodzakelijke onderdelen zoals bijvoorbeeld een formulier, galerij, media, backup, beveiliging en zoekmachine-optimalisatie-
plugin.

Om snel en eenvoudig met WordPress te werken, is het handig om te be-
schikken over een webserver op je eigen computer. Aan de hand van een
paar eenvoudige stappen laat ik zien hoe je een computer kunt laten functioneren als webserver. Vervolgens laat ik zien hoe je een WordPress website kunt verhuizen naar een internetserver.

Dit boek biedt een solide basis om WordPress op eigen kracht verder te
onderzoeken. Wil je nog dieper op WordPress ingaan? Dan kun je terecht
op *wordpress.org*.

Alle oefeningen in dit boek zijn praktisch. Ik laat alleen het meest essentiële zien, ze bevatten geen overbodige beschrijving en zijn direct toe te passen. Meer info: **wp-books.com/basics**.

Er wordt uitleg gegeven voor zowel MacOS- als Windows-gebruikers.

Voor wie is dit boek?

▸ Voor degenen die zelfstandig een WordPress site willen opzetten.

▸ Voor degenen die niet afhankelijk willen zijn van ontwikkelaars.

▸ Voor degenen die geen programmeerkennis hebben.

▸ Voor multimedia studenten.

▸ Voor webredacteurs.

▸ Voor iedereen die een eigen weblog/site wil maken.

Tip: Neem de tijd! Lees een hoofdstuk zorgvuldig door voordat je achter de computer gaat zitten.

Benodigdheden

Om een WordPress site te ontwikkelen heb je nodig: een **webserver** of **webhosting**, de laatste versie van **WordPress** en een **internetbrowser**.

Met een **lokale webserver** kun je een WordPress site op je eigen computer ontwikkelen. In dit boek laat ik stap voor stap zien hoe je een webserver op je eigen computer installeert en gebruikt. Na het ontwikkelen van een WordPress site publiceer je het resultaat op het internet. Hiervoor is **webhosting** nodig.

Met behulp van een **internetbrowser** maak je contact met het CMS-systeem. Dit programma heb je nodig om WordPress te voorzien van de nodige content.

Het is raadzaam om meer dan één browser te installeren, omdat bepaalde WordPress functies mogelijk niet werken in je favoriete browser. Wanneer dit het geval is, kun je snel overstappen naar een andere browser.

Alle oefeningen in dit boek zijn getest met Firefox, Safari, Google Chrome en Microsoft Edge. Gebruik altijd de laatste versie.

Doel van dit boek

Dit boek is geschikt voor iedereen die WordPress praktisch en snel wil gebruiken zonder technische kennis.

Dit boek geeft uitleg hoe je WordPress zowel **lokaal** als **remote** kunt installeren. Een voordeel van een lokale installatie is dat je kunt experimenteren voordat je het resultaat op het internet publiceert.

Dit boek biedt alleen de essentiële uitleg en na het opdoen van voldoende ervaring met WordPress, kun je zelfstandig het systeem verder ontdekken.

Voor meer informatie over WordPress zijn er geavanceerde boeken beschikbaar, zoals **WordPress - Gevorderd**, **WordPress - Gutenberg**, **WordPress - Klassieke Thema** en **WordPress - Blok Thema** (nieuw thema formaat). Voor het maken van een webshop kun je het boek **Word-Press - WooCommerce** gebruiken en als je geïnteresseerd bent in het aanpassen van het WordPress systeem, kun je het boek **WordPress - Onder De Motorkap** raadplegen.

Voor meer informatie ga naar:
www.wp-books.com.

WEBSERVER OP JE COMPUTER

WordPress is een CMS-systeem dat je direct kunt installeren op het internet. Een internet server moet dan wel PHP en MYSQL ondersteunen. De meeste webhosters bieden deze service aan. Het is echter aan te raden om eerst een website op je eigen computer te ontwikkelen, voordat je het op het internet plaatst.

De voordelen van het opzetten van een WordPress website op je eigen computer zijn:

▸ Je bent niet afhankelijk van een domeinnaam en webhosting.
▸ Productie gaat daarom ook sneller.
▸ Je beschikt altijd over een backup nadat de site online staat.
▸ Je kunt met een lokaal systeem experimenteren voordat je bepaalde handelingen gaat toepassen op een remote (internet) systeem.

Om WordPress te installeren op je eigen computer moet er gebruik worden gemaakt van een scripttaal (PHP) en een database (MySQL).

PHP staat voor Hypertext Preprocessor, dit is een Open Source, Server Side scripttaal. PHP zorgt voor de werking van het systeem.
Zie dit als de motor van je website.

MySQL zorgt voor de opslag van data; content, instellingen en andersoortige site informatie.

Wil je meer weten over PHP en MySQL? Dan is er op internet veel tekst en uitleg te vinden.

Een webserver installeren op je eigen computer lijkt een ingewikkeld proces. Het komt erop neer dat je een programma installeert. Nadat het programma is geactiveerd, is het mogelijk om WordPress op je eigen computer te installeren en te beheren. Je WordPress site is dan alleen voor jou toegankelijk. Er zijn verschillende webserver programma's beschikbaar.

Het programma **LOCAL** en **MAMP** zijn beide beschikbaar voor MacOS en Windows.

Met *LOCAL* kun je alleen WordPress sites installeren.
Met *MAMP* kun je meerdere CMS sites installeren waaronder WordPress.

Open een internetbrowser en ga naar: **www.localwp.com**.
Met LOCAL wordt ook Apache, MySQL en PHP geïnstalleerd.

Ga naar het menu-onderdeel **Download**. Een pop-up verschijnt.
Kies voor een **Mac** of **Windows** versie.

Vul de benodigde gegevens in en klik op de knop **GET IT NOW!**

In de volgende hoofdstukken wordt uitgelegd hoe je LOCAL en MAMP
kunt installeren op een Apple of Windows computer.

Heb je al een webserver op je computer en ben je bekend met het
installeren van een CMS-systeem, dan kun je direct door naar het
hoofdstuk WORDPRESS INSTALLEREN OP JE EIGEN COMPUTER.

Wil je Wordpress op het internet installeren, ga dan naar het hoofdstuk
WORDPRESS INSTALLEREN OP HET INTERNET.

WEBSERVER VOOR MACOS

Lees eerst het hoofdstuk door voordat je LOCAL gaat installeren!
De software wordt niet via de App Store geïnstalleerd.

Ga naar **Apps > Systeemvoorkeureninstellingen.app**.

Klik op **Privacy en beveiliging**.
Activeer de optie: **App Store en bekende ontwikkelaars**.

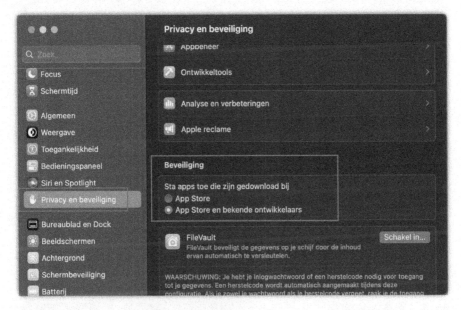

Je kunt daarna het programma LOCAL installeren.

Nadat LOCAL is gedownload zie je in de folder **Downloads** een **dmg** bestand.

Dubbelklik op **local-1.2.3-mac.dmg** om het bestand te openen (nr. geeft versie aan). Het onderstaande venster verschijnt.

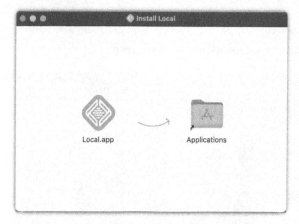

Vanuit dit venster sleep **Local.app** naar het mapje **Applications** (App folder).

Gefeliciteerd! LOCAL is geïnstalleerd.

Opstarten van LOCAL

Ga naar **Apps > LOCAL** en start het programma.

Zoals je kunt zien zal de Finder eerst toestemming vragen voordat je verder kunt gaan. Klik op **Open**.

Ga akkoord met de voorwaarden en klik op de knop **I AGREE**.

Een nieuw scherm verschijnt.

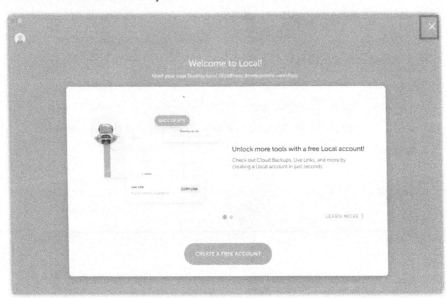

Het is niet nodig om een account aan te maken. Klik op het witte kruisje rechtsboven om door te gaan naar het volgende scherm.

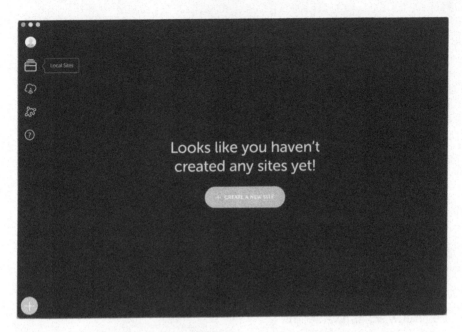

Voordat je verder gaat met het installeren van WordPress ga je het programma sluiten. Ga naar **hoofdmenu > Local > Quit** of gebruik de toetscombinatie **Command+Q**.

Tip: je zult vanaf nu vaker gebruik maken van het programma LOCAL, daarom is het handig om een snelkoppeling te maken in je Apple Dock.

De webserver is geïnstalleerd. In het hoofdstuk WORDPRESS INSTALLEREN ga je verder met het programma LOCAL.

Wil je meer weten over LOCAL, ga dan naar *www.localwp.com*.

Als het installeren van LOCAL niet is gelukt, gebruik dan het pro-gramma MAMP. Ga naar www.mamp.info.

1. Download **MAMP & MAMP PRO** - MacOS.
2. Dubbelklik op het **.pkg** bestand in de map Downloads.
3. Doorloop het installatieproces.

Tip! Na het installeren van MAMP beschik je over 2 programma's *MAMP* en *MAMP PRO*.

Je mag gratis gebruik maken van MAMP. Dit is te vinden in de **Apps folder > MAMP**. Voor een Pro versie is een licentie nodig. In het hoofdstuk "WordPress handmatig installeren met MAMP" lees je hoe je WordPress kunt installeren.

WEBSERVER VOOR WINDOWS

Lees eerst het hoofdstuk door voordat je LOCAL gaat installeren!

Nadat de software is gedownload zie je **LOCAL-1.2.3-windows** in de map **Downloads** (nr. geeft versie aan). Dubbelklik op het bestand.

Het onderstaande venster verschijnt. Het maakt niet uit wat je selecteert. Klik daarna op **Volgende >**.

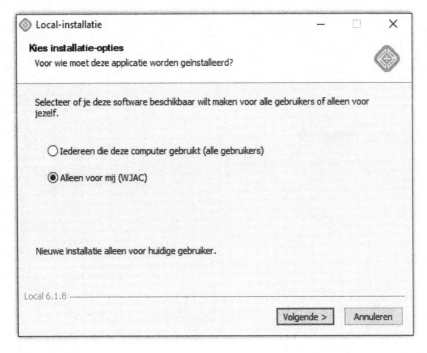

In dit scherm wordt het installatie-pad vertoond. Klik op **Installeren**.

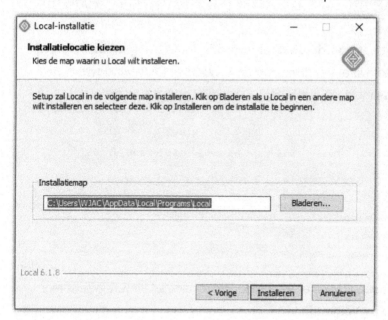

Even een kopje koffie of thee.

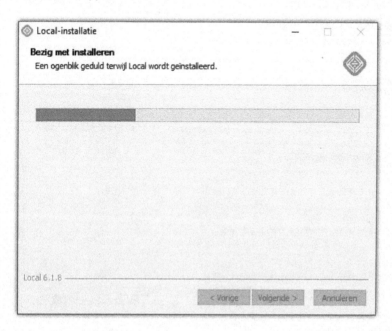

Tijdens de installatie wordt gevraagd of het programma wijzigingen mag aanbrengen op de computer. Klik in dat geval altijd op **Yes**. Daarna wordt een proces uitgevoerd.

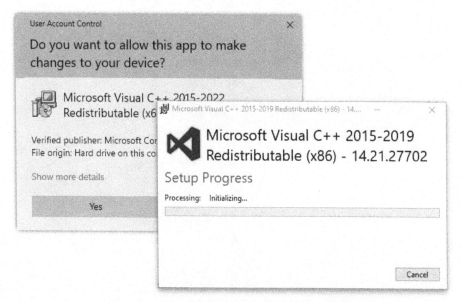

Afhankelijk van je Windows versie kan dit proces zich herhalen.

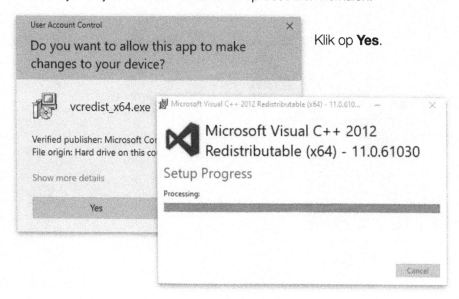

Klik op **Yes**.

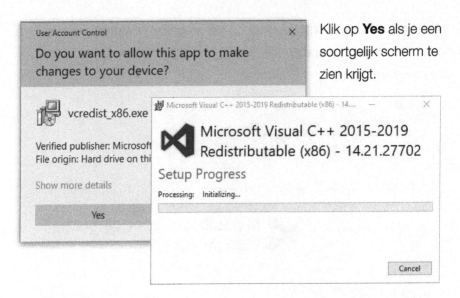

Klik op **Yes** als je een soortgelijk scherm te zien krijgt.

Installatie **Voltooien**.

Gefeliciteerd! LOCAL is geïnstalleerd.

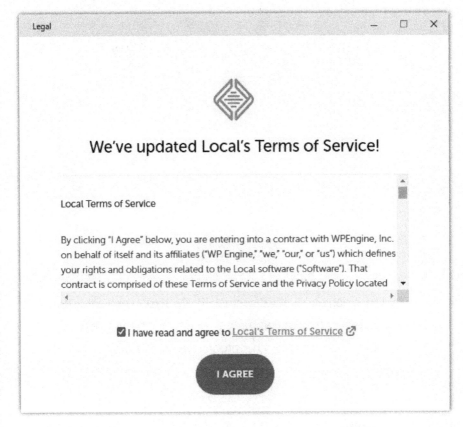

Ga akkoord met de voorwaarden en klik op de knop **I AGREE**.

In het pop-up scherm **Error Reporting** klik je op de knop **Nee**.

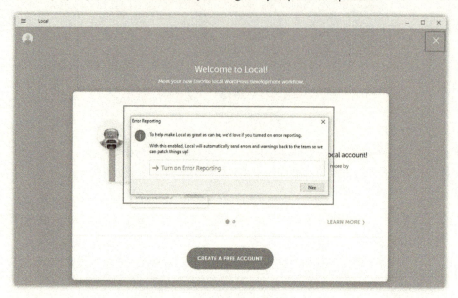

Local vraagt of je een account wil aanmaken. Dit is niet verplicht. Klik op het **witte kruisje** rechtsboven om door te gaan naar het volgende scherm (let op, klik niet op het kruisje om het programma af te sluiten).

Vanuit dit venster kun je WordPress sites installeren. Voordat je dit doet, sluit je eerst het programma LOCAL.

Dit kan door op het kruisje rechtsboven te klikken of vanuit het hoofdmenu.

Ga naar het **hoofdmenu > Local > Quit** of gebruik de toetscombinatie **Ctrl+Q**.

Tip: je zult nu vaak gebruik maken van het programma LOCAL, daarom is het handig om een snelkoppeling te maken in je Taakbalk of op je Bureaublad.

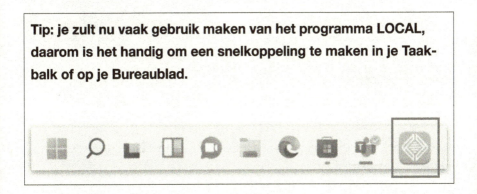

Opstarten van LOCAL

Start het programma LOCAL. Ga naar **Start**. Local is te vinden onder **Recentelijk toegevoegd**, onder de categorie **L** of maak gebruik van het **Zoekveld**.

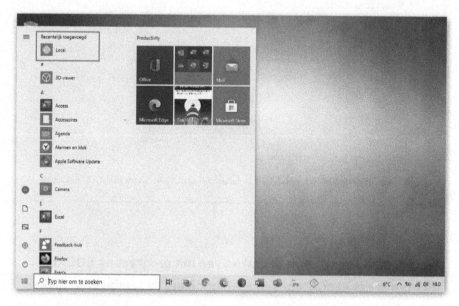

Nadat het programma is opgestart verschijnt er een LOCAL venster.
Op de achtergrond is **Apache, Php** en **MySQL** geactiveerd.

In het volgende hoofdstuk WORDPRESS INSTALLEREN ga je verder met het programma LOCAL.

Wil je meer weten over de instellingen en mogelijkheden van LOCAL ga dan naar *www.localwp.com*.

Als het installeren van LOCAL niet is gelukt, gebruik dan het programma MAMP. Ga naar www.mamp.info.

1. Download **MAMP & MAMP PRO** - Windows.
2. Dubbelklik op het **.exe** bestand in de map Downloads.
3. Doorloop het installatieproces.

Tip! Na het installeren van MAMP beschik je over 2 programma's *MAMP* en *MAMP PRO*.

Je mag gratis gebruik maken van MAMP. Dit is te vinden in de map **Apps > MAMP**. Voor een Pro-versie is een licentie nodig. In het hoofdstuk "Word-Press handmatig installeren met MAMP" lees je hoe je WordPress kunt installeren.

WORDPRESS INSTALLEREN

Volgens WordPress.org:

WordPress is software dat ontworpen is voor iedereen, met de nadruk op toegankelijkheid, prestaties, beveiliging en gebruiksgemak. Wij geloven dat geweldige software moet werken met een minimale set-up, zodat je je kunt concentreren op het gratis delen van je verhaal, product of diensten. De basis WordPress software is eenvoudig en voorspelbaar, zodat je eenvoudig aan de slag kunt. Het biedt ook krachtige functies voor groei en succes.

WordPress is een Open Source Content Management Systeem (CMS) waarbij de focus is gericht op het maken van een Blog-site. Vanwege zijn gebruiksvriendelijke bediening en interface is de populariteit enorm toege- nomen. WordPress wordt gebruikt door 43% van alle websites op internet. Van alle Open Source CMS-systemen staat WordPress op nummer één. Op *WordPress.org* kun je zien welke bedrijven en instellingen gekozen hebben voor dit systeem.

De voordelen van WordPress zijn:

▸ Vanwege zijn niet technische karakter is het systeem snel te begrijpen en daardoor makkelijk te beheren.
▸ Installeren van WordPress is binnen 5 minuten gerealiseerd.
▸ WordPress is relatief stabiel en veilig.
▸ WordPress wordt continue verder ontwikkeld.
▸ WordPress is eenvoudig te upgraden naar de laatste stabiele versie.
▸ Uitbreiden van het systeem gaat met behulp van plugins.
▸ Op het moment van schrijven zijn er 60,042 plugins beschikbaar.
▸ Er zijn duizenden WordPress thema's (templates) beschikbaar.
▸ Een thema is snel te wisselen met behoud van content.
▸ Met kennis van HTML en CSS is het mogelijk om eigen WordPress thema's te maken of een thema aan te passen naar eigen behoefte.
▸ WordPress heeft een grote community waardoor er een grote kennis- bron aanwezig is. Handig voor vraag en antwoord.

Sinds Januari 2022 is WordPress 5.9 uitgekomen. Deze versie brengt o.a. verbeteringen in de blok-editor, meer intuïtieve interacties en verbeterde toegankelijkheid. Deze release introduceert het eerste Blok thema met de naam Twenty Twenty-Two.

De focus van WordPress ligt op het maken van een Blog-site.

Als webdesigner maak ik weinig gebruik van deze optie.

Mijn ervaring is dat opdrachtgevers meer geïnteresseerd zijn in het laten maken van een informatieve website in plaats van een Blog-site.

Maar natuurlijk laat ik ook zien hoe het onderdeel bloggen werkt.

In dit boek laat ik op een praktische wijze zien hoe je snel een WordPress site opzet. Hoe je een standaard site kunt maken en hoe je gebruik kunt maken van de standaard Blog functie.

WordPress op je eigen computer

Een WordPress website kan op je eigen computer worden geïnstalleerd.

Je bent dus niet afhankelijk van een webhost. Daarbij kun je gebruik maken van o.a. het programma **LOCAL** of **MAMP**. Deze zijn gratis te gebruiken.

Twee methodes om WordPress te installeren op je eigen computer:

1. Een **automatische** WordPress installatie met behulp van **LOCAL**.
2. Een **handmatige** WordPress installatie met behulp van **MAMP**.

Automatisch WordPress installeren met LOCAL

Met behulp van LOCAL kun je snel en eenvoudig WordPress installeren. De instructies in dit boek zijn voor Windows en MacOS toepasbaar.

Open het programma **LOCAL**.

Klik op de knop **+ CREATE A NEW SITE** of op de **+ knop** linksonder het scherm.

Let op! Tijdens het installatieproces kan het computersysteem (Windows of Mac) toestemming vragen of Local wijzigingen mag aanbrengen. In dat geval geef je altijd toestemming.

Doorloop de installatieprocedure. Klik daarna op de knop **CONTINUE**.

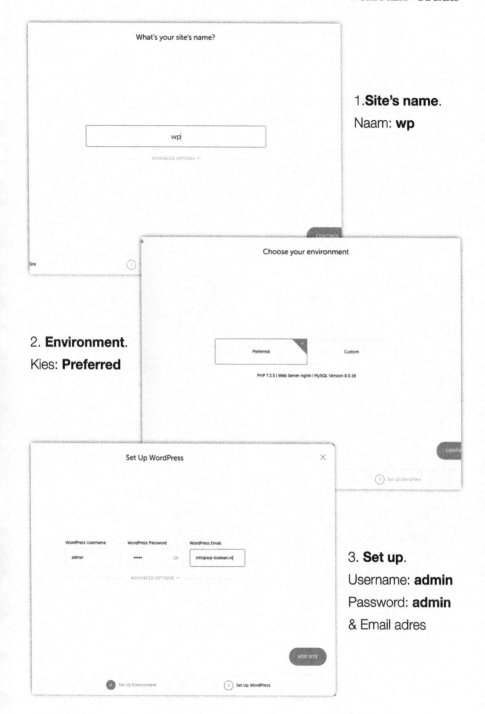

What's your site's name?

wp

ADVANCED OPTIONS ⌄

1.Site's name.
Naam: **wp**

Choose your environment

Preferred   Custom

PHP 7.3.5 | Web Server nginx | MySQL Version 8 0.16

2. Environment.
Kies: **Preferred**

Set Up WordPress   ✕

WordPress Username	WordPress Password	WordPress Email
admin	•••••	info@wp-boeken.nl

ADVANCED OPTIONS ⌄

ADD SITE

✓ Set Up Environment   ③ Set Up WordPress

3. Set up.
Username: **admin**
Password: **admin**
& Email adres

De reden waarom is gekozen voor *admin* als gebruikersnaam en wachtwoord is omdat het een lokale installatie betreft. De website staat niet online en is alleen voor jou toegankelijk. Nadat de site is geëxporteerd naar een
webhost (internet) dan is het raadzaam om de gebruikersnaam en wachtwoord te veranderen.

Een WordPress installatie duurt enkele minuten.

Het kan voorkomen dat Windows of Mac toestemming vraagt voor het wijzigen van het systeem. Klik in dat geval altijd op **Ja** of **OK**.

Je krijgt daarna het volgende scherm te zien. Aan de linkerkant krijg je de
site **naam** te zien. Heb je meer sites geïnstalleerd dan krijg je een lijst van
namen te zien. Daarnaast zie je een overzicht van de geselecteerde site.

Vanuit dit scherm zie je:

Een **STOP SITE** knop (rechtsboven) waarmee je een site aan- of uitzet.

De **Titel** met daaronder een link **~/Local Sites/wp >**.

Dit verwijst naar een installatie site-folder.

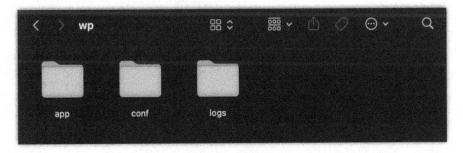

De folder **wp** is te vinden in een **gebruikersmap** van Windows of MacOS.

In de folder **app > public** zijn de WordPress Core bestanden te vinden.

Verder zie je 3 tabjes: **OVERVIEW**, **DATABASE** en **TOOLS**.

Hier vind je site informatie en een link naar de bijbehorende database.

Met de knop **OPEN SITE** rechtsboven kun je de site bekijken.

De URL van de site is **wp.local**, een lokaal adres.

Dit geeft aan dat de site is geïnstalleerd op je computer.

Helaas is het met LOCAL niet mogelijk om een Nederlandstalige Word-Press site te installeren. Na installatie kun je eenvoudig het systeem omzetten naar het Nederlands.

In het hoofdstuk BASISINSTELLINGEN, CONTENT EN AANPASSEN ga je kennis maken met het beheer-gedeelte van WordPress en vind je informatie hoe je de site taal kunt veranderen naar het Nederlands.

Met de knop **ADMIN** heb je toegang tot het beheer-gedeelte.

De URL van het beheer-gedeelte is **wp.local/wp-admin**.

Je mag zo vaak als je wil WordPress sites installeren.

Vanuit de site-lijst kun je met behulp van de rechtermuisknop o.a. sites **Clonen** (dupliceren), **Opslaan als Blauwdruk** (starter-installatie), **Hernoemen** en **Verwijderen**.

Tip! Maak een **Blauwdruk** van een website nadat de Site-taal is aangepast naar het Nederlands.

Tijdens het maken van een nieuwe site klik op **ADVANCED OPTIONS**. Bij **Create site from Blueprint?** kies je voor een blauwdruk. Klik daarna op de knop **CREATE SITE FROM BLUEPRINT**.

Het is daarna niet meer nodig om de site-taal aan te passen.

Wil je meer weten over LOCAL instellingen en mogelijkheden ga dan naar *www.localwp.com*.

Handmatig WordPress installeren met MAMP

Voor degenen die gebruik maken van een andere webserver zoals **MAMP** laat ik zien hoe je WordPress kunt installeren. WordPress installeren bij een webhost kan ook automatisch of handmatig. Het is raadzaam voor LOCAL gebruikers om deze installatie methode door te nemen. Wat bij LOCAL automatisch gaat wordt tijdens dit proces handmatig uitgevoerd.

Start MAMP (dus niet de PRO versie). Klik daarna op de knop **Start**.

Open daarna de startpagina van MAMP m.b.v. de knop **WebStart**.

Maak een **MySQL** database aan.
Dit doe je met behulp met de optie **Tools > phpMyAdmin**.

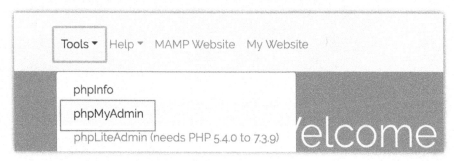

Een **phpMyAdmin venster** verschijnt.

1. Met het **phpMyAdmin**-scherm kun je een database aanmaken en beheren. Klik op het tabblad **Databases**.

2. Ga naar **Nieuwe database aanmaken**.

Geef de database een naam b.v. **wordpress**.

Klik op de knop **Aanmaken**.

Gefeliciteerd! Een database onder de naam **wordpress** is aangemaakt.

Links in het bovenstaande venster verschijnt de naam van de database.

Het eerste deel is klaar. Nu ga je verder met het installeren van WordPress.

1. Open een internetbrowser en ga naar **nl.wordpress.org**.
   Download de laatste versie van WordPress.

Nadat het downloaden is afgerond, kun je het **.zip** bestand
vinden in de **Downloads** folder (voor Windows en MacOS).

Pak het **.zip** bestand uit. Let op! Wijzig de naam van het
uitgepakte bestand **wordpress** naar **wp**.

2. Plaats de **wp** folder in de hoofdroot van je server. Let op, dus niet het zip bestand dat je hebt gedownload. Voor MAMP gebruikers is dit de folder **htdocs**.

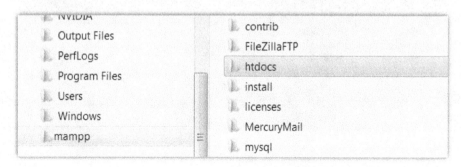

3. Open de MAMP startpagina met **WebStart**. Klik op **My Website > wp**.

Of open een internetbrowser en ga naar dit adres:
URL: http://localhost:8888/wp

4. Het onderstaande venster verschijnt. Klik op **Configuratiebestand aanmaken**. Zie je dit venster niet, ga dan naar de volgende stap.

Er lijkt geen wp-config.php bestand te bestaan. Dit bestand is nodig om aan de slag te gaan.

Meer hulp nodig? Geen probleem.

Je kan een wp-config.php bestand aanmaken via de web-interface, maar dit werkt niet voor alle server types. De veiligste manier is om het bestand handmatig aan te maken.

Configuratiebestand aanmaken

5. WordPress geeft aan dat je de informatie bij de hand moet hebben voor de voortzetting van de installatie. Deze informatie zal in de volgende stappen worden aangegeven.

Welkom bij WordPress. Voordat we beginnen hebben we wat informatie nodig over de database. Je moet de volgende informatie hebben voordat we verder kunnen gaan.

1. Naam van de database
2. Gebruikersnaam van de database
3. Wachtwoord van de database
4. Host van de database
5. Tabelprefix (wanneer je meerdere WordPress installaties wilt draaien in een database)

Wij zullen deze informatie gebruiken om een wp-config.php bestand te maken. **Als het automatisch aanmaken mislukt, maak je dan geen zorgen. Het enige wat dit proces doet is de database informatie in een configuratiebestand zetten. Je kunt ook wp-config-sample.php in een tekstbewerker openen, de informatie toevoegen en opslaan als wp-config.php.** Meer hulp nodig? We zijn er voor je.

Hoogstwaarschijnlijk zijn deze items toegevoegd door je hostingprovider. Als je deze informatie niet hebt, dan zul je eerst contact met hun op moeten nemen voordat je verder kunt. Als je helemaal klaar bent...

Laten we starten.

Klik op **Laten we starten!**

6. Je ziet het volgende venster.
   In de tekstvelden gebruik je dezelfde informatie.

Hieronder moet je de gegevens van je databaseverbinding invullen. Als je niet zeker bent van de gegevens, neem dan contact op met je webhost.

Databasenaam	wordpress	De naam van de database die je wilt gebruiken voor WordPress.
Gebruikersnaam	root	De gebruikersnaam van de database.
Wachtwoord	root	Het wachtwoord van de database.
Hostnaam	localhost	Je zou deze informatie van je webhost moeten kunnen krijgen als localhost niet werkt.
Tabelprefix	123wp_	Wanneer je meerdere WordPress installaties wilt gebruiken in een database moet je dit aanpassen.

Verzenden

Bij Databasenaam: **wordpress**

Bij Gebruikersnaam: **root**   (voor MAMP gebruikers)

Bij Wachtwoord: **root**   (voor MAMP gebruikers)

Database-host: **localhost**

Tabelprefix: **123wp_** (let op, eindigen met underscore_)

Klik op **Verzenden**.

Bij MAMP gebruikers is de standaard database gebruikersnaam en wachtwoord "root, root".

Iets meer over **Tabelprefix**. Het is mogelijk om twee Wordpress sites te koppelen aan één database. Vandaar dat er bij installatie gebruik wordt gemaakt van een Prefix (voorvoegsel). Dankzij een Prefix kan een Wordpress site de juiste data het uit de database halen. De standaard Prefix wordt door WordPress op **wp_** ingesteld.

Omdat deze standaard instelling ook bij hackers bekend is, is het verstandig de Prefix **wp_** te veranderen. Dus gebruik een ander Prefix b.v. **123wp_** (Let op: gebruik daarna wel een underscore_).

7. Een nieuw venster verschijnt.

> Woohoo. Je bent door het eerste gedeelte gekomen van de installatie. WordPress heeft verbinding kunnen maken met de database. Als je er klaar voor bent is het tijd om te beginnen met de installatie ...
>
> De installatie uitvoeren

Klik op **De installatie uitvoeren.**

8. Het volgende venster verschijnt.

Bij Sitetitel:	Titel van je site
Bij Gebruikersnaam:	admin
Bij Wachtwoord:	admin (Dit kun je later weer aanpassen)
Wachtwoord bevestigen	Check!
Bij e-mailadres:	Uiteraard je eigen email adres
Bij Zoekmachine... :	Nog niet activeren

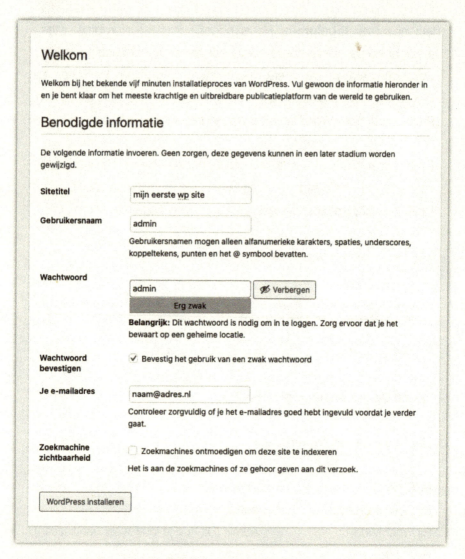

9. Klik vervolgens op **WordPress installeren.**

10. Gefeliciteerd! WordPress is geïnstalleerd. Klik op **Inloggen**.

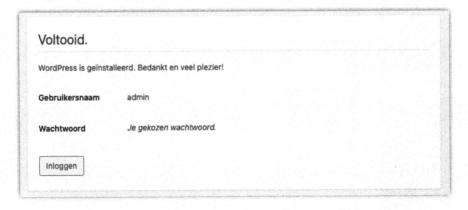

11. Gebruik **admin** voor je Gebruikersnaam en Wachtwoord en klik
    op **Inloggen**.

12. Zoals je op de volgende pagina kunt zien zit je in de **Backend** (beheer-
    gedeelte) van WordPress.

45

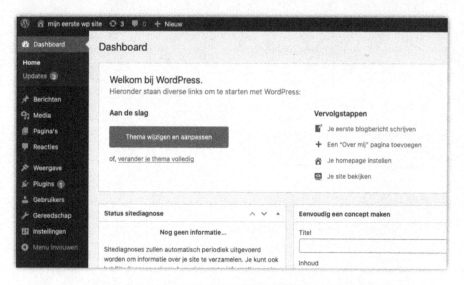

In het volgende hoofdstuk WORDPRESS INSTELLINGEN ga je verder met het systeem.

13. **Site bekijken**, ga naar linksboven. Of open een nieuw browservenster en gebruik het onderstaande adres (uiteraard moet je server nog steeds aan staan).

URL MAMP: **http://localhost:8888/wp**

14. Ga naar **Hallo admin** (rechtsboven) en kies voor **Uitloggen**.

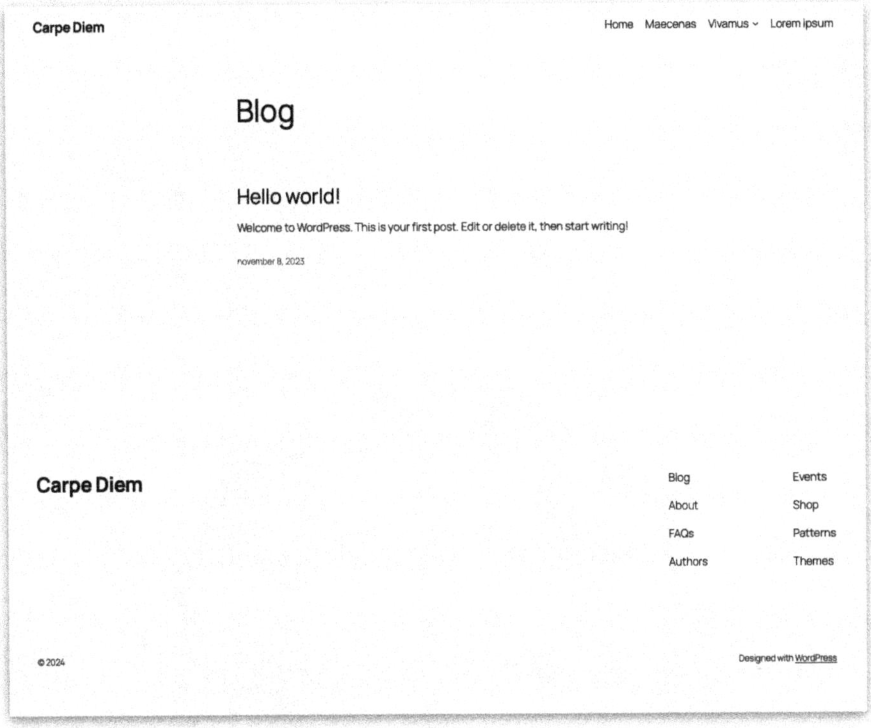

Carpe Diem

Home   Maecenas   Vivamus ⌄   Lorem ipsum

Blog

Hello world!

Welcome to WordPress. This is your first post. Edit or delete it, then start writing!

november 8, 2023

Carpe Diem

Blog   Events
About   Shop
FAQs   Patterns
Authors   Themes

© 2024   Designed with WordPress

47

WORDPRESS INSTALLEREN OP HET INTERNET

WordPress installeren op het internet gaat op precies dezelfde wijze als een WordPress installatie op je eigen computer (Zie hoofdstuk: WordPress installeren). Natuurlijk heb je voor een online installatie een **domeinnaam** en **serverruimte** nodig. Deze kun je aanvragen bij een webhost.

De voorwaarde voor een online WordPress installatie is dat je webhost beschikt over **PHP** (versie 8.3 of hoger) en **MySQL** (versie 8.0 of hoger). Heb je een geschikte hosting? Dan kun je meteen aan de slag. Heb je nog geen domeinnaam en hosting? Ga dan naar **vimexx.nl**.

Na het nemen van een domeinnaam en webhosting ontvang je de nodige gegevens. Weet je niet of een database voor je is aangemaakt? Geen idee hoe je dit moet doen? Neem dan contact op met je webhost. Leg uit dat je een WordPress site wilt installeren en dat je graag het volgende wilt weten:

- Kan ik Wordpress installeren met een auto-installer?
- Zo niet, is er een database beschikbaar en onder welke naam?
- Wat is mijn database-username?
- Wat is mijn database-password?
- Hoe krijg ik toegang tot phpMyAdmin?

Wat lastig is voor een online WordPress installatie, is het aanmaken van een **database** en het vinden van **phpMyAdmin**. Met behulp van LOCAL of MAMP is dit geen probleem, maar wanneer je een online database wilt aanmaken ben je afhankelijk van je webhost.

De meeste webhosters hebben uitgebreide documentatie over database beheer maar een persoonlijk contact werkt altijd sneller.

Een database hosting hoeft niet te betekenen dat er al een database voor je is aangemaakt. Het kan zijn dat jouw webhost al een database heeft aangemaakt. In andere gevallen moet je zelf een database aanmaken.

In de volgende hoofdstukken beschrijf ik twee installatie methodes:

▸ Wordpress installatie **MET** auto-installer, **Methode 1**.
▸ Wordpress installatie **ZONDER** auto-installer, **Methode 2**.

In het hoofdstuk **LOKALE SITE VERHUIZEN NAAR HET INTERNET** beschrijf ik hoe je een WordPress site van jouw computer overzet naar een online omgeving. Dus van **local** naar een **remote** omgeving.

WordPress installatie met een auto-installer, methode 1

De meeste webhosters zijn voorzien van een controlepaneel met een auto-installer (b.v. Vimexx) soms ook wel *installatron* genoemd.
Dit is een onderdeel van de controlepaneel waarmee je binnen enkele minuten een CMS-systeem zoals WordPress kan installeren zonder enige technische kennis.

1. Login op het hosting controlepaneel van jouw webhost. Uiteraard heb je hierbij jouw inloggegevens nodig.

2. Vanuit de homepage, ga naar **Addvanced Features > Softaculous Apps Installer**. Klik daarna op **WordPress**.

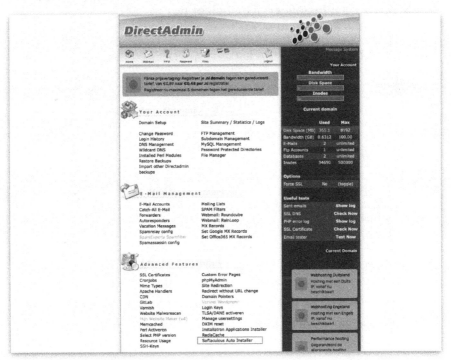

3. Vanuit het nieuwe scherm krijg je informatie te zien.

Linksboven het scherm zie je **Softaculous** staan.

Klik op de knop **Installeer** of **Installeer nu**.

4. Doorloop de installatie procedure.

Tip: wil je de website direct onder een domeinnaam installeren, laat dan bij **Choose Installation URL** het veld **Folder** leeg.

Bij **Admin account**, verander je **Gebruikersnaam** en **Wachtwoord**.

Tip: maak het moeilijker voor hackers, gebruik geen "admin en pass".

5. Klik daarna helemaal onderaan op de knop **Installeer**.

6. Na installatie krijg je een bevestiging te zien met twee URL's.

Deze verwijzen naar de website en het administratieve gedeelte.

7. Log uit wanneer je klaar bent (rechtsboven in het scherm).

WordPress installatie zonder auto-installer, methode 2

Je webhost heeft de onderstaande (fictieve) gegevens naar je toegestuurd.

```
Technische informatie voor http://www.uw_site.nl

WWW:
Homepage adres:              http://www.uw_site.nl

CONFIGURATIE SCHERM:
Administratie:               https://www.uw_site.nl:8443
Gebruikersnaam:              uw_site.nl
Wachtwoord:                  1abCdeFg

FTP:
Om uw website op onze server over te dragen, hebt u een
FTP-programma nodig.

Host:                        ftp.uw_site.nl
Gebruikersnaam:              uw_gebruikersnaam
Wachtwoord:                  2abCdeFg

EMAIL:
POP3 server:                 pop.uw_site.nl
SMTP server:                 http://www.uw_host.com/n5
Webmail:                     http://www.uw_host.com

STATISTIEKEN:
Adres:                       https://www.uw_host.com/st
Gebruikersnaam:              uw_site.nl
Wachtwoord:                  3abCdeFg
```

In dit geval moet je eerst een **database** aanmaken. Daarna Wordpress **installeren**. Een database aanmaken doe je met behulp van een **configuratiescherm**. (Het is ook mogelijk dat jouw webhost al een database heeft aangemaakt. In dat geval is de database-naam, database-gebruikersnaam en wachtwoord voor jouw bekend)

Belangrijke webhostgegevens zijn:

▸ FTP-gegevens.

▸ Configuratiescherm: een beheerpagina van waaruit je site gerelateerde zaken zelf kunt regelen, zoals het beheren van e-mailadressen en het aanmaken van databases. Soms wordt dit **control panel** genoemd.

Hieronder zie je een soortgelijk configuratiescherm genaamd **Plesk**.

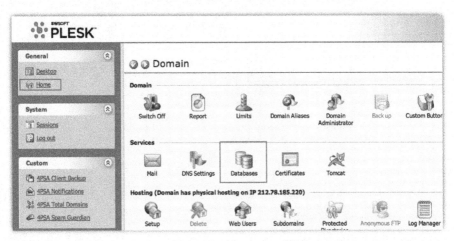

Het aanmaken van een database kan per webhost verschillen. Het komt erop neer dat je vanuit een configuratiescherm zelf een database moet aanmaken. Het doel is dat je vanuit een **control panel** op zoek gaat naar een **database-icoon**. Wanneer dit is gevonden, maak je een database aan. Meestal zal een koppeling naar phpMyAdmin geactiveerd en zichtbaar worden. Uitgaande van een Plesk omgeving, zal ik uitleggen hoe je een database kan aanmaken.

Gebruikt jouw webhost geen Plesk? Dan geeft de beschreven methode in ieder geval een indruk waarop je moet letten. De handelingen om een database aan te maken zijn ongeveer hetzelfde.

1. Open een browser en ga naar de URL (link) van je **configuratie-scherm**. Log in met behulp van je **webhost gegevens**.

2. Klik op **Home**, daarna op je **domeinnaam** en vervolgens op **Databases**.

3. Vanuit dit scherm klik je op **Add New Database**.

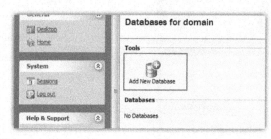

4. Bij **Database name**: geef een gewenste database naam op. Type = **MySQL**. Klik daarna op **OK**.

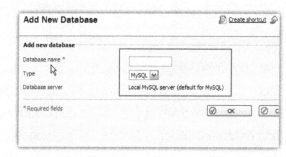

5. Creëer een database-user door op **Add New Database User** te klikken.

6. Bij **Database user name**: vul een gebruikersnaam in. Geef een wachtwoord op bij **New Password** en **Confirm Password**. Klik op **OK**.

7. Je database is aange- maakt. Klik op:
   DB WebAdmin

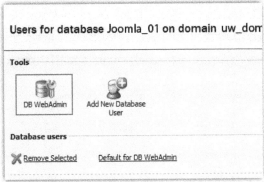

Je krijgt de **online phpMyAdmin** in een nieuw venster te zien.

8. Je kunt nu uitloggen.

9. Installeer WordPress.

Je kunt hierbij alle installatie stappen 1 t/m 11 doorlopen.
Uiteraard moet je hierbij wel je eigen database-gegevens gebruiken.

Belangrijk voor jou zijn de volgende gegevens:

▸ FTP gegevens.

▸ MySQL gegevens.

▸ URL adres naar phpMyAdmin.

Ga als volgt te werk: **Download** de laatste versie van WordPress.
Upload de uitgepakte **inhoud** van deze folder direct in de hoofdroot van je
serverruimte. Gebruik hiervoor een FTP-programma.

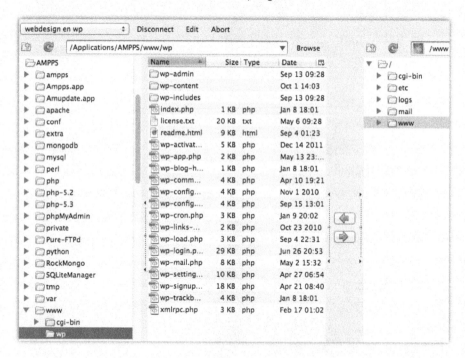

Nadat de inhoud van WordPress is geupload naar je webhost, kun je
beginnen met het installeren van de site.

1. Open een browser en ga naar: **http://www.uw_site.nl/wp-admin**.

2. Het onderstaande venster verschijnt. Klik op de knop
Configuratiebestand aanmaken.

Er lijkt geen wp-config.php bestand te bestaan. Dit bestand is nodig om aan de slag te gaan.

Meer hulp nodig? Geen probleem.

Je kan een wp-config.php bestand aanmaken via de web-interface, maar dit werkt niet voor alle server types. De veiligste manier is om het bestand handmatig aan te maken.

| Configuratiebestand aanmaken |

---

3. WordPress geeft aan dat je informatie bij de hand moet hebben voor
de voortzetting van de installatie. Deze informatie zal in de volgende
stappen worden aangegeven. Klik op **Laten we starten**.

Welkom bij WordPress. Voordat we beginnen hebben we wat informatie nodig over de database. Je moet de volgende informatie hebben voordat we verder kunnen gaan.

1. Naam van de database
2. Gebruikersnaam van de database
3. Wachtwoord van de database
4. Host van de database
5. Tabelprefix (wanneer je meerdere WordPress installaties wilt draaien in een database)

Wij zullen deze informatie gebruiken om een wp-config.php bestand te maken. **Als het automatisch aanmaken mislukt, maak je dan geen zorgen. Het enige wat dit proces doet is de database informatie in een configuratiebestand zetten. Je kunt ook wp-config-sample.php in een tekstbewerker openen, de informatie toevoegen en opslaan als wp-config.php.** Meer hulp nodig? We zijn er voor je.

Hoogstwaarschijnlijk zijn deze items toegevoegd door je hostingprovider. Als je deze informatie niet hebt, dan zul je eerst contact met hun op moeten nemen voordat je verder kunt. Als je helemaal klaar bent...

| Laten we starten. |

---

4. Je ziet het onderstaande venster. Gebruik je webhost gegevens!

Hieronder moet je de gegevens van je databaseverbinding invullen. Als je niet zeker bent van de gegevens, neem dan contact op met je webhost.

Databasenaam		De naam van de database die je wilt gebruiken voor WordPress.
Gebruikersnaam		De gebruikersnaam van de database.
Wachtwoord		Het wachtwoord van de database.
Hostnaam		Je zou deze informatie van je webhost moeten kunnen krijgen als localhost niet werkt.
Tabelprefix		Wanneer je meerdere WordPress installaties wilt gebruiken in een database moet je dit aanpassen.

Verzenden

Databasenaam:	Naam_database (webhost gegevens)
Gebruikersnaam:	Gebruikersnaam_database (webhost gegevens)
Wachtwoord:	Wachtwoord_database (webhost gegevens)
Hostnaam:	Localhost
Tableprefix:	B.v. 123wp_ (let op met underscore_)

Klik op **Verzenden**.

Informatie over **Table Prefix**: Het is mogelijk om twee Wordpress systemen te koppelen aan één database. Vandaar dat er gebruik moet worden gemaakt van een Prefix (voorvoegsel). Het is overigens aan te bevelen om de Prefix **wp_** te veranderen. **wp_** is inmiddels bij hackers bekend dus gebruik een ander Prefix b.v. **123wp_** of iets dergelijks (Let op: gebruik daarna wel een underscore_).

5. Een nieuw venster verschijnt. Klik op **De installatie uitvoeren**.

Woohoo. Je bent door het eerste gedeelte gekomen van de installatie. WordPress heeft verbinding kunnen maken met de database. Als je er klaar voor bent is het tijd om te beginnen met de installatie ...

De installatie uitvoeren

6. Het volgende venster verschijnt. Vul de gevraagde gegevens in:

Sitetitel: Titel van je site
Gebruikersnaam: Admin
Wachtwoord: Admin (dit kun je later weer aanpassen)
E-mailadres: Uiteraard je eigen email adres
Zoekmachine... :   Nog niet activeren

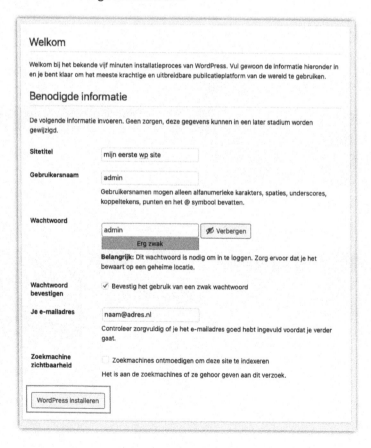

61

7. Klik vervolgens op **WordPress installeren**.

8. Gefeliciteerd! WordPress is geïnstalleerd. Klik op **Inloggen** om de site te configureren en te voorzien van informatie.

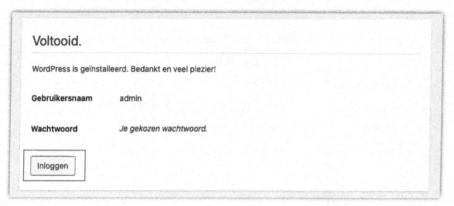

9. **Site bekijken**, ga naar linksboven.

10. Ga naar **Hallo admin** (rechtsboven) en kies voor **Uitloggen**.

phpMyAdmin is te benaderen met behulp van je webhost gegevens:

phpMyAdmin:	http://phpMyAdmin.uw_site.nl
Gebruikersnaam:	uw_phpMyAdmin_username
Wachtwoord:	uw_ phpMyAdmin_wachtwoord

BASISINSTELLINGEN, CONTENT EN AANPASSEN

Door het toevoegen van content en het aanpassen van een WordPress site krijg je een duidelijk beeld van hoe je met dit systeem kunt omgaan.
In dit hoofdstuk laat ik de volgende onderdelen zien:

▸ De Site bekijken.

▸ Een WordPress site **Updaten**.

▸ Thema **Twenty Twenty-One** installeren

▸ De **Site-Titel** en **omschrijving** aanpassen.

▸ De **Site taal** aanpassen.

▸ Content voor de site aanmaken. **Berichten** en **Pagina's**.

▸ Een nieuwe **Startpagina** maken.

▸ Een **Menu** maken.

▸ Een **Mediabibliotheek** gebruiken.

▸ Een **Afbeelding** plaatsen.

▸ **Categorie** aanpassen en aanmaken.

▸ De site voorzien van **Widgets**.

▸ **Footer** informatie aanpassen.

▸ **Gebruikers** toevoegen.

Let op! In dit boek wordt gebruik gemaakt van **WordPress 6.9** en het thema **Twenty Twenty-One**.

Na een WordPress installatie is het standaard thema **Twenty Twenty-Five** te zien. WordPress wil hiermee een nieuw onderdeel introduceren namelijk **Full Site Editing**. Hiermee is het mogelijk om een **Blok Thema** visueel aan te passen.

In WordPress kun je gebruik maken van een **Klassiek thema** en **Blok thema**.

Omdat er **momenteel meer Klassieke thema's** (22.000+) zijn dan **Blok thema's** (1.000+), wordt in dit boek het klassieke thema **Twenty Twenty-One** gebruikt om het systeem beter te leren kennen.

Meer informatie over Blok thema's vind je in het hoofdstuk **BLOK THEMA** en het boek *WordPress Blok Thema.*

In het hoofdstuk *Thema Twenty Twenty-One installeren* ga je het Blok thema vervangen.

WordPress voorkant

Je gaat kijken naar de voorkant (front-end) van WordPress.

Heb je WordPress op het internet geïnstalleerd, open dan een browser en ga naar je website. Heb je WordPress op je computer geïnstalleerd start dan **LOCAL** of **MAMP**.

Vanuit het **LOCAL** startvenster klik je **OPEN SITE** van de website **wp**.

Vanuit de **MAMP** startpagina klik je op **My Website > wp**.

In dit scherm krijg je alle folders te zien die in de **MAMP** root-folder staan Klik je op de folder **wp/** dan wordt de site geopend in een browser.

Je ziet een WordPress site met het standaard thema **Twenty Twenty-Five**. Nadat het thema **Twenty Twenty-One is geactiveerd** krijg je het volgende te zien.

- ▸ Site-titel en Site-omschrijving (bovenaan).
- ▸ Navigatie (rechtsboven, is nog niet geactiveerd).
- ▸ Blogbericht met de titel "Hello World!".
- ▸ Widgets: Zoekveld, Meest recente berichten en Recente reacties.
- ▸ Footer (onderaan).

Je webhost beslist of je een site krijgt te zien **met** of **zonder** widgets. Widgets zijn site-elementen zoals een zoekveld, archief, etc. In het hoofdstuk *Widgets* laat ik zien hoe je elementen kunt toevoegen of verwijderen.

Het thema Twenty Twenty-One is geschikt voor alle soorten beeldscher-men. Geschikt voor computer, tablet en smartphone scherm.

Een opmaak dat zich aanpast aan de schermgrootte van het apparaat.

Deze techniek heet Responsive Design. De standaard site laat zien wat er zoal met Wordpress mogelijk is. Je kunt meteen aan de slag.

Zoals je kunt zien ligt de focus van een standaard WordPress site op het maken van een weblog. Een beheerder kan met WordPress *Berichten* pu-bliceren waarop lezers kunnen reageren. Naast het maken van een weblog kun je ook informatieve *Pagina's* aanmaken en beheren. Dit laatste is wat vele andere CMS-systemen doen.

Als webdesigner krijg ik voornamelijk de vraag van klanten om informatieve WordPress sites op te zetten. Het bloggen is meestal van secundair be-lang.

In het volgende hoofdstuk laat ik zien hoe je bepaalde onderdelen in Word-press kunt aanpassen, aanvullen of uitzetten. Daarnaast laat ik zien hoe je een Navigatiemenu een Bericht of Pagina kunt aanmaken.

WordPress achterkant

In dit hoofdstuk gaan we de "achterkant" (backend) van WordPress nader bekijken.

Open een Internetbrowser en gebruik het volgende adres:
http://wp.local/wp-login.php (LOCAL)
http://localhost:8888/wp/wp-login.php (MAMP)
http://www.jouw_website.nl/wp-login.php (online installatie)

Met **wp-login.php** ga je naar de achterkant van het systeem. Het is handig om **wp-login.php** te onthouden voor het geval je geen gebruik maakt van een login-koppeling.

Bij het inloggen krijg je het volgende te zien:

Gebruik de inloggevens:

▸ Gebruikersnaam = b.v. **admin**
▸ Wachtwoord = b.v. **admin**
▸ Klik op **Inloggen**

Welkom bij je nieuwe WordPress website!

We zitten nu in de **backend** van het systeem. Je ziet een startpagina met algemene informatie. Deze pagina wordt door het systeem **Dashboard** genoemd. Vanuit dit scherm word je op de hoogte gehouden van de laatste ontwikkelingen.

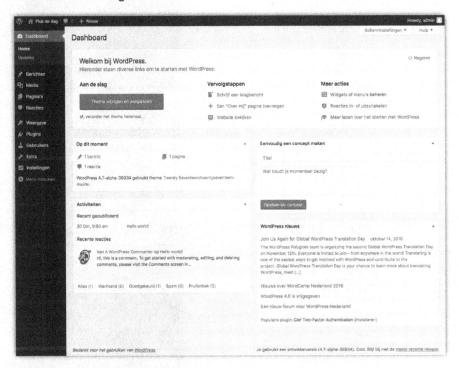

Het belangrijkste deel van de pagina staat links. De zwarte kolom met daarin de opties die je nodig hebt om het systeem aan te passen en de site te voorzien van de nodige informatie. Dit is het **Menu** van WordPress.

Wil je uitloggen ga dan naar **Hallo, admin** (rechtsboven) en kies voor **Uitloggen**.

Dashboard

Het menu van WordPress heet **Dashboard**.
Dit menu is verdeeld in drie blokken.

Blok 1:
De **Home** knop en **Updates**.

Blok 2:
Een aantal menu opties waarmee je het
systeem kan voorzien van content
zoals: **Berichten, Media, Pagina's** en
Reacties.

Blok 3:
Een aantal menu opties waarmee je het
systeem kan aanpassen of configureren
zoals: **Weergave, Plugins, Gebruikers,
Gereedschap** en **Instellingen**.

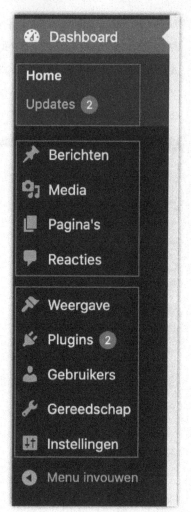

WordPress Updates

Nadat je WordPress hebt geïnstalleerd is het aan te bevelen om het systeem te **Updaten**. Het systeem is daardoor minder gevoelig voor hackers. Niet alleen wordt het **Systeem** geüpdate ook **Plugins** en **Thema's** worden bijgewerkt.

In het menu (zie rechter afbeelding) wordt met een cijfer, dat naast het woord **Updates** verschijnt, het aantal updates aangegeven. Het cijfer naast **Plugins** geeft het aantal plugin-updates aan.

Klik op **Updates**.

Je krijgt het volgende scherm te zien:

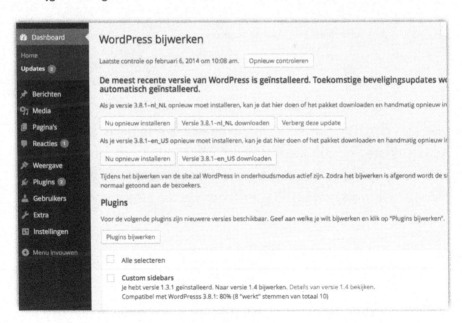

Is er een nieuwe versie van WordPress beschikbaar, klik dan op de knop: **WordPress bijwerken**. Vanaf versie 3.7 wordt het systeem automatisch bijgewerkt.

Zijn er nieuwe Plugins beschikbaar waarvan het systeem momenteel gebruik maakt, geef dan eerst aan welke plugin je wilt bijwerken. Klik daarna op de knop **Plugins bijwerken**.

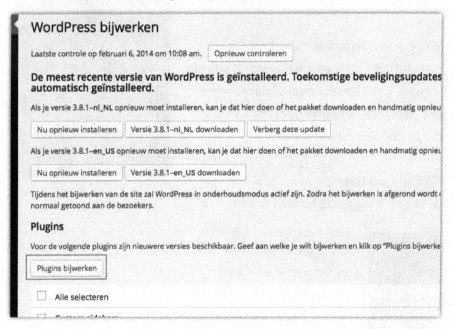

Hetzelfde geld natuurlijk ook voor **Thema's** bijwerken. Het is aan te bevelen om regelmatig gebruik te maken van updates. Het systeem wordt hierdoor minder gevoelig voor hackers. Eventuele systeemfouten worden verwijderd en nieuwe systeemuitbreidingen worden toegevoegd.

WORDPRESS - DE BASIS

Thema Twenty Twenty-One installeren

Ga naar **Dashboard > Weergave > Thema's**.

Klik op de knop **Nieuw thema Toevoegen**.

Typ in het zoekveld **Twenty Twenty one**.

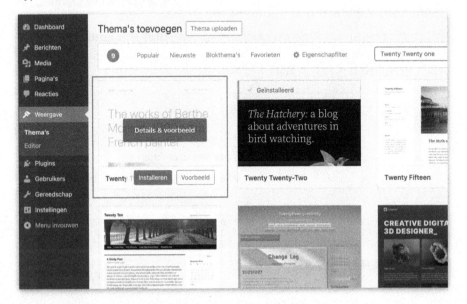

Klik daarna op de knop **Installeren** en **Activeren**.

Meer informatie over werken met een Blok Thema vind je in het hoofdstuk
BLOK THEMA.

Site titel en ondertitel

Nadat je bent ingelogd ga je naar het
volgende menu:

Dashboard > Instellingen > Algemeen.

Vanuit dit scherm kun je de site voorzien van een **titel** en **ondertitel**.

Zoals je verder in het scherm ziet, kun je meer informatie aanpassen waaronder een **E-mailadres** voor beheer-doeleinden. Klik daarna op de knop
WIJZIGINGEN OPSLAAN.

Site taal veranderen

Een Engelstalig WordPress systeem omzetten naar het Nederlands:
Ga naar **Dashboard > Settings > General**.
Bij **Site Language** verander **English** naar **Nederlands**.

Klik daarna op de knop **WIJZIGINGEN OPSLAAN**.

Permalink

Permalinks in WordPress bepaalt hoe je URL (link) eruit komt te zien. Dit is te zien in de adresbalk van je browser. Na een standaard installatie wordt meestal gebruik gemaakt van een **Standaard** Permalink instelling.

Wil je weten welke instelling wordt gebruikt, ga dan naar:
Instellingen > Permalink.
WordPress geeft de mogelijkheid om een aangepaste URL structuur te maken voor permalinks en archieven.

De kans is groot dat de **Standaard** Permalink is geactiveerd. De URL van een nieuwe Pagina- of Bericht krijgt hiermee een toevoeging zoals **/?p=123** verwerkt in het adres. Het is beter dat de titel van een bericht of pagina hierin wordt opgenomen. Dit is duidelijk voor een gebruiker maar ook voor zoekmachines.

Algemene instellingen

○ Standaard	`https://wjac.nl/?p=123`
○ Jaar, maand, dag en naam	`https://wjac.nl/2019/01/30/voorbeeld-bericht/`
○ Jaar, maand en naam	`https://wjac.nl/2019/01/voorbeeld-bericht/`
○ Numeriek	`https://wjac.nl/archieven/123`
⦿ Berichtnaam	`https://wjac.nl/voorbeeld-bericht/`
○ Aangepaste structuur	`https://wjac.nl` `/%postname%/`

Wil je dat de titel wordt opgenomen in een URL kies dan voor **Bericht-naam** als Permalink. Vergeet daarna niet de wijziging op te slaan.

Schermnaam

Na het installeren van een WordPress site wordt een **Gebruikersnaam** ook gebruikt als **Schermnaam**. Een schermnaam wordt openbaar vertoond op de website. Dit is te zien in de **Dashboard** maar ook in een gepubliceerde **Bericht**.

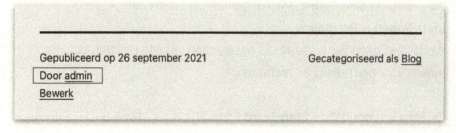

Hiermee is de helft van de inloggegevens bekend.

Gelukkig kun je dit aanpassen.

Ga naar **Dashboard > Gebruikers**.

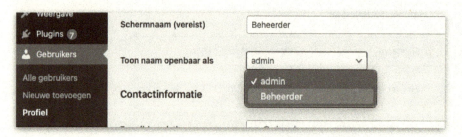

Vervang **Schermnaam** *admin* naar b.v. *Beheerder*.

Bij **Toon naam openbaar als** selecteer - *Beheerder*.

Uiteraard blijft de gebruikersnaam ongewijzigd.

Klik daarna op de knop **Update profiel.**

Site bekijken

Om het resultaat van de site te bekijken, ga naar de zwarte menubalk linksboven in het scherm:

Titel site (Pluk de dag) > Site bekijken.

Om terug te keren naar het Dashboard, ga wederom naar de zwarte menubalk linksboven in het scherm:

Titel site (Pluk de dag) > Dashboard.

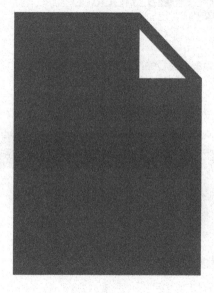

BERICHTEN EN PAGINA'S

In WordPress kun je **Berichten** en **Pagina's** aanmaken. Wat is het verschil? **Berichten** zijn nieuwsberichten waarop bezoekers kunnen reageren. Berichten worden chronologisch opgeslagen. Het is ook mogelijk om berichten te categoriseren.

De homepage van de website begint met een blog-bericht **Hello world!** Berichten worden na een standaard installatie vertoond op de homepage. Deze worden onder elkaar weergegeven waarbij het laatste bericht bovenaan staat. Berichten worden per maand of per categorie gearchiveerd. Met behulp van een categorie widget zijn deze snel te vinden.

Pagina's bevatten algemene informatie (de bekende wie, wat en waar pagina's). Deze worden niet chronologisch opgeslagen zoals bij Berichten.

MY BLOG
My WordPress Blog

Sample Page

This is an example page. It's different from a blog post because it
will stay in one place and will show up in your site navigation (in
most themes). Most people start with an About page that
introduces them to potential site visitors. It might say something
like this:

Vanuit WordPress is het ook mogelijk om als bezoeker op Pagina's reageren. Dit gebeurt via een reactieveld (is optioneel). Het is niet mogelijk om Pagina's in WordPress te categoriseren. Met behulp van een navigatiebalk (nog niet geactiveerd) kun je pagina's oproepen.

Berichten aanmaken

Een bericht publiceer je als volgt:

1. Ga naar: **Dashboard > Berichten**.
2. Klik op **Nieuw bericht**.
3. Voorzie het bericht van een **titel** en **tekst**.
   Met **Opties** (3 puntjes) kun je het blok verwijderen.

4. Klik op het ➕ **icoon** linksboven en selecteer **Ontwerp > Meer**.
   Een **LEES MEER** blok verschijnt.

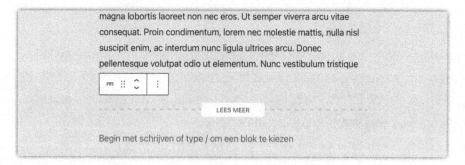

5. Vanuit het blok *LEES MEER* klik je op **Opties > Invoegen na** of op het **+** icoon om een tweede tekstblok toe te voegen.

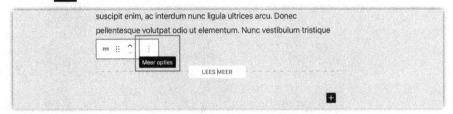

6. Klik daarna op de knop **Publiceren**.

7. Klik op het WordPress icoon (**W** linksboven) en bekijk de site. Zoals je kunt zien staat het laatste bericht bovenaan op de homepage.

Het 2e bericht laat in dit geval de eerste alinea zien.

Klik op **Lees verder**.

Je krijgt nu het volledige bericht te zien met daaronder een reactieformulier.

Voordat je een bericht **publiceert** zijn er nog andere opties die je kunt gebruiken.

Met behulp van de tab **Bericht** (rechtsboven) worden diverse opties vertoond. Selecteer je een alinea dan worden **Blok** opties zichtbaar. Op de volgende pagina krijg je een overzicht te zien van alle **Bericht** instellingen.

Uitgelichte afbeelding kiezen

Hiermee kun je een bericht voorzien van een afbeelding kenmerkend voor het artikel.

Een samenvatting toevoegen...

In dit onderdeel mag je een korte beschrijving van het bericht opnemen (optioneel).

Status

Opties zoals *Zichtbaarheid* en *Privé*. Met *Sticky*, wordt een bericht bovenaan een blogpagina geplaatst (thema afhankelijk).

Publiceren

Stel de publicatiedatum in.

Link (Slug)

Hiermee kun je de Permalink aanpassen.

Auteur

Selecteer de auteur van het bericht.

Discussie

Reacties en trackbacks voor het bericht in- of uitschakelen.

Format

Hiermee kun je een bericht anders vertonen. Dit is thema afhankelijk.

Naar prullenbak verplaatsen

Bericht wordt hiermee verwijderd (niet gewist).

Categorieën

Hiermee kun je een categorie toevoegen en selecteren. Een gebruiker kan met categorieën snel informatie vinden. Je maakt hiermee een eenvoudige zoekstructuur.

Tags

Hiermee kun je berichten voorzien van *trefwoorden* ook wel tags genoemd. WordPress en zoekmachines kunnen hiermee snel berichten vinden.

In het hoofdstuk **Reactieformulier uitzetten** kun je lezen hoe je het reactieformulier kunt uitschakelen voor alle nieuwe berichten.

BLOCK EDITOR

WordPress versie 5.0 (vanaf november 2018) maakt gebruik van een nieuwe tekstverwerker met de naam *Gutenberg*. Zoals je in het hoofdstuk *Bericht aanmaken* hebt gezien kun je direct een *titel* en *tekst* in een bericht plaatsen.

Een blok aanpassen kan door eerst een blok te selecteren, bijvoorbeeld een paragraaf. In de rechterkolom wordt de tab **Blok** geactiveerd.

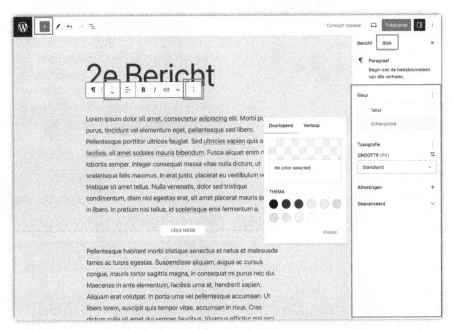

Met behulp van de beschikbare Blok-opties kun je, afhankelijk van het blok type de eigenschappen aanpassen.

Met behulp van **Opties** (3 puntjes) is het mogelijk om o.a het blok te verwijderen. Met het **Pijl** icoon kun je de volgorde aanpassen.

Door op het 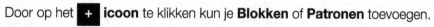 **icoon** te klikken kun je **Blokken** of **Patronen** toevoegen.

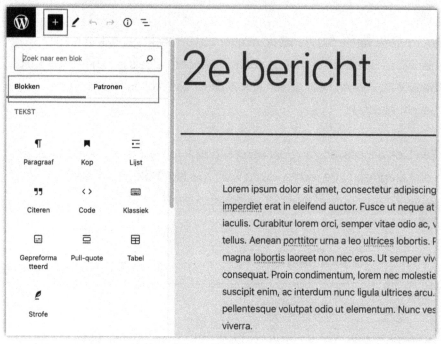

Blok-elementen zijn onderdelen zoals tekst, afbeeldingen, lees meer, knoppen, video, muziek, widgets, tabellen etc. Deze zijn te vinden onder de categorieën **Tekst**, **Media**, **Ontwerp**, **Widgets**, **Thema** en **Insluitingen**. Scroll in het venster *Blokken* om te zien wat er nog meer beschikbaar is. Met behulp van plugins kunnen extra blok-elementen toegevoegd worden.

Je kunt **Patronen** gebruiken om een pagina snel op te maken. Een patroon is een combinatie van verschillende blokelementen.

Met Block Based Editing heeft een gebruiker meer vrijheid in het opmaken van een pagina. In het hoofdstuk **Afbeelding plaatsen** laat ik zien hoe je een afbeelding kunt uitlijnen ten opzichte van tekst

Pagina's aanmaken

Op de volgende wijze maak je een pagina aan.

1. Ga naar: **Dashboard > Pagina's.**
2. Klik op **Nieuwe pagina**.
3. Geef de nieuwe pagina een **titel** en **tekst**.

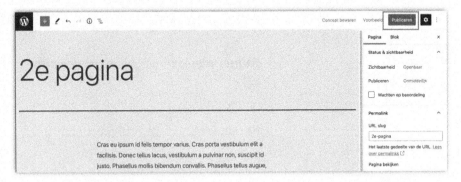

4. Klik op **Publiceren** (2x) daarna op de knop **Pagina bekijken**.

Klik op **Pagina bewerken** om weer terug te gaan.

Het maken van een navigatiemenu doen we later.

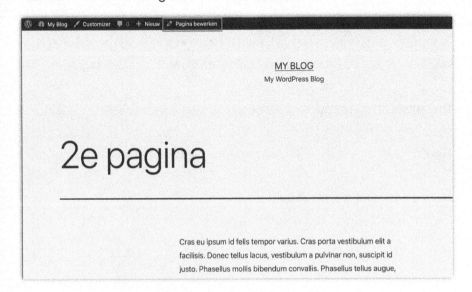

Klik op de tab **Pagina**. Net als bij Berichten zijn er ook Pagina opties die je nog kunt toepassen.

Uitgelichte afbeelding kiezen, neem een afbeelding op die de inhoud van de pagina weergeeft.

Status, hier kunt u publicatieopties instellen.

Publiceren, stel de publicatiedatum in.

Link, de titel wordt automatisch opgenomen in het laatste deel van de URL.

Auteur, selecteer de auteur.

Template, is afhankelijk van het thema. Hiermee kun je een specifieke lay-out voor de pagina kiezen (bijvoorbeeld Met zijbalken of Homepage).

Discussie, in dit gedeelte kun je de instellingen voor reacties aanpassen.

Hoofd, geef aan onder welk menu-item de pagina moet worden geplaatst.

Naar prullenbak verplaatsen
Pagina wordt hiermee verwijderd (niet gewist).

Koppeling maken

Een belangrijk onderdeel van een website is dat je links kunt maken naar websites en interne pagina's of berichten. Open een pagina of bericht en selecteer tekst. Klik vervolgens op het link-pictogram in de blokeditor. Voer een URL in het Link-veld in en klik op **Enter**.

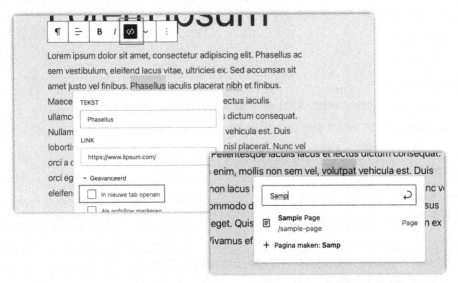

Als je een link naar een interne pagina of bericht wilt maken, voer dan de titel van de pagina/bericht in het link-veld in. Er worden verschillende documenten weergegeven terwijl je typt. Selecteer een **pagina** of **bericht**.

In dit geval is de optie **Openen in een nieuw tabblad niet geactiveerd**. Selecteer de link en bewerk dit om deze optie te gebruiken.

Sla de pagina vervolgens op.

Opdracht

Om te zien hoe een WordPress site werkt, is het handig om alvast een aantal **Pagina's** en **Berichten** aan te maken.

Maak een aantal **Pagina's** met de volgende titels:
- Welkom (dit wordt later een startpagina).
- Wie.
- Wat.
- Waar.
- Contact (hierin wordt later een contactformulier opgenomen).
- Nieuws (dit wordt een overzichtspagina bestaande uit Berichten).

Maak een aantal **Berichten** met de volgende titels:
- Het laatste nieuws.
- Het weer.

In het volgende hoofdstuk **Startpagina aanpassen** laat ik zien hoe je van **Homepage** kunt veranderen.

In het hoofdstuk **Berichtenpagina aanpassen** laat ik zien hoe je Berichten kunt tonen in een Pagina met de titel *Nieuws*.

In het hoofdstuk **Navigatie-Menu** laat ik zien hoe je door je site kunt navigeren met behulp van een navigatiemenu.

Startpagina aanpassen

Na een standaard WordPress installatie
is de Homepagina een overzicht van
je laatste Berichten.

Wil je niet starten met Berichten maar
met een (statische) Pagina, dan kun je
dit aanpassen met behulp van:

Dashboard > Instellingen > Lezen.

Bij **Je homepage toont** kies je voor **Een statische pagina** in plaats van
Je laatste berichten.

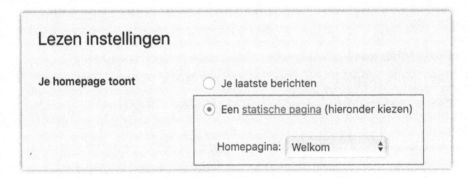

In het voorbeeld is gekozen voor een statische Pagina met de titel
Welkom. Selecteer bij **Homepagina - Welkom**.

Klik op **Wijzigingen opslaan** en bekijk de site.

Berichtenpagina aanpassen

Wil je wel gebruik maken van je laatste berichten maar niet als startpagina, dan kan dat via de optie **Berichtpagina**.

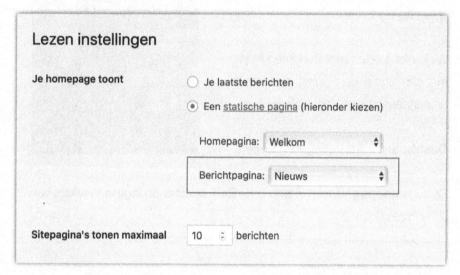

Bij **Berichtpagina** selecteer je een bestaande pagina (b.v. *Nieuws*). Wanneer de pagina *Nieuws* aan de voorkant van de website wordt opgeroepen worden alle laatste berichten onder elkaar vertoond.

Met **Sitepagina's tonen maximaal** kun je aangeven hoeveel berichten er worden vertoond op een Berichtpagina. Overige berichten worden gearchiveerd. Met een **Archief widget** zijn deze op te roepen.

Klik op **Wijzigingen opslaan** en bekijk de site.   Wijzigingen opslaan

Voordat je dit gaat toepassen adviseer ik om eerst een pagina aan te maken met als titel bijvoorbeeld *Nieuws* of *Blog*. In deze pagina is het niet nodig om tekst op te nemen. In het hoofdstuk *Navigatie-Menu* zorg je ervoor dat de nieuwspagina wordt opgenomen in het menu.

Sticky berichten

Door een Bericht sticky te maken zorg je ervoor dat dit bovenaan in een berichtenpagina komt te staan. Als een thema dit ondersteunt dan verschijnt deze ook in een Homepage template (zie hoofdstuk THEMA AANPASSEN).

1. Ga naar **Dashboard > Berichten**. Ga met je muis over b.v. **Hello world!** staan. Extra opties verschijnen.

2. Klik op **Snel bewerken**. Je krijgt pagina opties te zien.

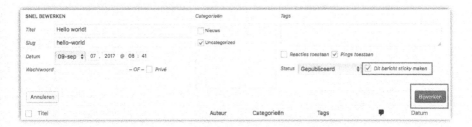

3. Met **Snel bewerken** heb je de mogelijkheid om een aantal pagina eigenschappen aan te passen zonder de pagina te openen. Selecteer op de optie **Dit bericht sticky maken**.

4. Klik daarna op **Bijwerken** en bekijk de site.

Reactieformulier uitzetten

Bij een informatieve site wil je niet dat lezers op een Bericht een reactie kan geven. In dat geval wil je het reactieformulier uitzetten.

1. Ga naar **Dashboard > Berichten**. Ga met je muis over b.v. **Hello world!** staan. Extra opties verschijnen.

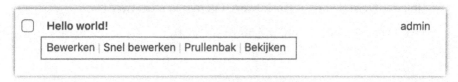

2. Klik op **Snel bewerken**. Je krijgt opties te zien.

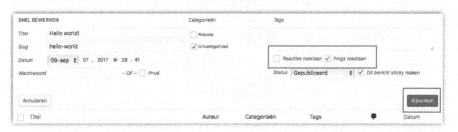

3. Door **Reacties toestaan** uit te zetten wordt het reactieformulier niet meer aan het eind van een Bericht vertoond. Klik op **Bijwerken** en bekijk de site. Wil je de reactieformulier uitschakelen voor alle nieuwe Berichten ga dan naar: **Dashboard > Instellingen > Discussie**.

Discussie-instellingen

Standaard bericht-instellingen

☐ Probeer elk ander blog gelinkt in dit bericht een melding te sturen

☐ Sta linkmeldingen van andere blogs (pingbacks en trackbacks) op nieuwe b

☐ Sta toe dat mensen kunnen reageren op nieuwe berichten.

(Deze instellingen zijn per bericht te overschrijven.)

Bij **Standaard bericht-instellingen** zet je alle opties uit. Hierdoor wordt veel spam voorkomen.

Pagina's beschermen met een wachtwoord

Een Pagina of Bericht kan met een wachtwoord worden beveiligd.
Dit is per pagina/bericht in te stellen.

Ga naar **Dashboard > Pagina's**.

Ga met de muis naar een Pagina-titel en klik op **Snel bewerken**.

Door een **Wachtwoord** in te voeren is de Pagina wachtwoord beveiligd.

Met *Privé* kan een geregistreerde gebruiker een pagina lezen nadat deze is
ingelogd (zie hoofdstuk Gebruikers), een wachtwoord is in dat geval niet
nodig.

Klik daarna op de knop **Bijwerken** of **Updaten**.

MEDIABIBLIOTHEEK

Met behulp van een mediabibliotheek kun je afbeeldingen, video's en bestanden beheren. Vanuit Media kun je media bestanden plaatsen in een Thema, Bericht, Pagina of Tekst-widget.

We gaan een bestand aan de bibliotheek toevoegen:
1. Ga naar: **Dashboard > Media > Mediabestand toevoegen**.

2. Sleep een bestand naar dit venster of klik op **Bestanden selecteren**.

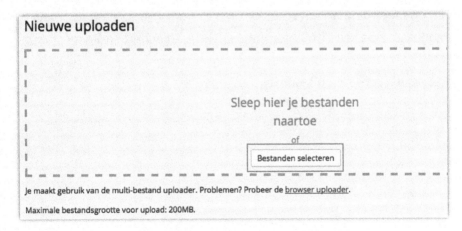

3. Nadat het bestand is geupload krijg je extra informatie te zien.

4. Ga naar: **Dashboard > Media > Bibliotheek**.

   Vanuit dit venster kun je alle mediabestanden beheren.

5. Klik op een afbeelding. Je krijgt 4 opties te zien:
   Afbeelding bewerken, Mediabestand bekijken, Meer details bewerken, Bestand downloaden en **Permanent verwijderen**.

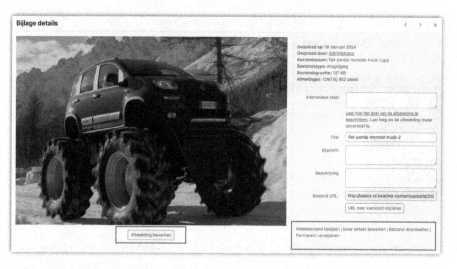

Klik op **Meer details bewerken** om een afbeelding te voorzien van meta-informatie zoals een **Titel, Alternatieve tekst, Bijschrift** en **Beschrijving**.

Klik daarna op de knop **Updaten**.

Afbeelding bewerken

Het is mogelijk om vanuit de mediabibliotheek een afbeelding te bewerken.
Klik op een afbeelding en daarna op de knop **Afbeelding bewerken**.

De bewerkingsopties zijn: **Bijsnijden**, **Schalen** en **Roteren**.

In de rechterkolom is het mogelijk om de originele afmeting aan te passen.

Klik daarna op de knop **Updaten**.

Afbeelding plaatsen

In een *Bericht* of *Pagina* kun je afbeeldingen plaatsen. Klik vanuit de tekstverwerker eerst op het **+** **icoon** en kies daarna voor **Afbeelding**.

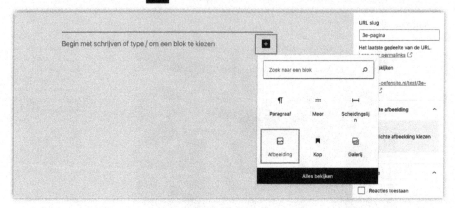

Je krijgt in een popup-venster een totaal overzicht te zien.

1. Selecteer een afbeelding en klik op de knop **Selecteren**.

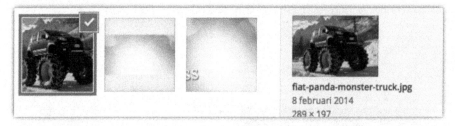

2. Klik daarna op een **uitlijn**-icoon. In dit geval kies je voor **links** uitlijnen.

3. Klik daarna weer op het ➕ **icoon** en selecteer een **Paragraaf**.

Plaats tekst in het paragraaf-blok. De afbeelding is nu links uitgelijnd ten opzichte van de tekst.

Een afbeelding aanpassen kan door op het plaatje te klikken. In de rechter-kolom zie je een aantal instellingen. Klik je op **Opties** (3 puntjes, toolbar) dan kun je een afbeelding o.a. *kopiëren*, *dupliceren* of *verwijderen*.

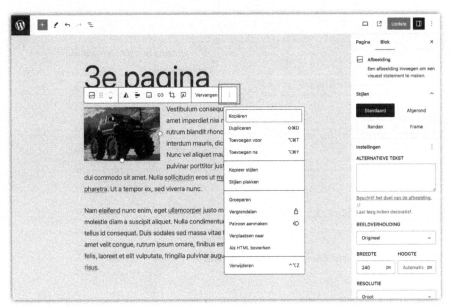

Afbeelding linken

Ook een afbeelding kan doorlinken. Selecteer een afbeelding. Klik vervolgens op het **Link** icoon in de teksteditor. Zoals je ziet is het mogelijk om te linken naar een **URL**, **Mediabestand** (grote afbeelding) of **Bijlagepagina** (grote afbeelding in pagina).

Typ of plak een URL in het koppelingsveld. Met de knop **Link instellingen** > **In nieuw tabblad openen** wordt de link geopend in een nieuw scherm.

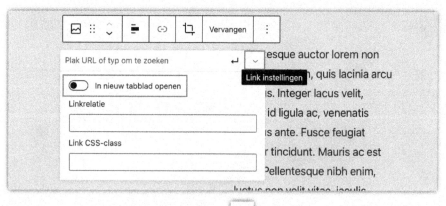

Klik daarna op de knop **Toepassen**.

Vergeet daarna niet de Pagina te **Updaten**.

Media instellingen

Ga naar: **Dashboard > Instellingen > Media**.

De aangegeven waarden geven de maximale afmetingen aan in pixels die worden gebruikt om afbeeldingen aan de mediabibliotheek toe te voegen.

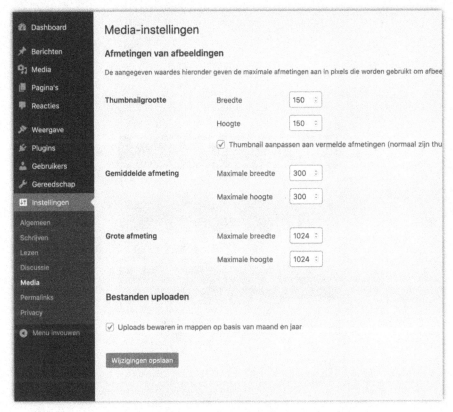

Wil je hiervan afwijken dan kun je deze aanpassen.

Vergeet daarna niet op de knop **Wijzigingen opslaan** te klikken.

NAVIGATIE-MENU

Met het thema Twenty Twenty-One worden Pagina's niet automatisch opgenomen in een navigatiemenu. Bij sommige thema's is dit wel het geval.
Wil je een navigatiemenu en zelf de volgorde van het menu bepalen, maak
dan een menu aan. Dit doe je als volgt:

1. Ga naar:

   Dashboard > Weergave > Menu's.

2. Bij **Menunaam:** geef het menu een
   nieuwe naam b.v. **Hoofdmenu** en klik
   vervolgens op de knop **Menu aanmaken**.

3. Pagina's worden niet automatisch toegevoegd aan het nieuwe menu. Klik op
   het tabje **Alles tonen** om pagina's aan
   het menu toe te voegen. Selecteer **Welkom** (startpagina), je **pagina's** (behalve
   nieuws) en klik op **Aan menu toevoegen**.

4. Het is ook mogelijk om **Berichten**,
   Aangepaste Links (koppeling) en zelfs
   Categorieën op te nemen in het menu.

5. Pas de volgorde van het menu aan door een menu-item **op te pakken** en verticaal te **verplaatsen**. Verplaats een menu-item naar **rechts** waardoor dit een submenu-item wordt (b.v. *Wie > Sample page*).

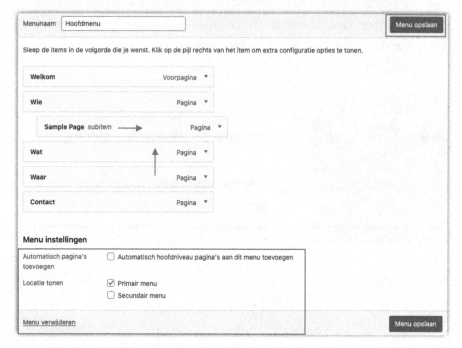

6. Bij **Menu instellingen**: *Locatie tonen* - activeer **Primair menu** waardoor het nieuwe menu wordt vertoond in de website.
   Een menu kun je koppelen aan verschillende locatie in een thema.
   Een locatie heeft zo zijn eigen positie en stijl.

7. Is het menu aangepast, klik dan op **Menu opslaan**. Bekijk de site.

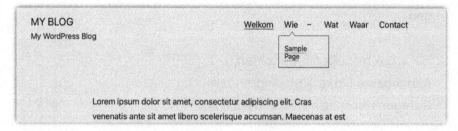

Berichten in het menu

In het hoofdstuk *Startpagina aanpassen* is aangegeven dat alle Berichten gekoppeld worden aan de Pagina **Nieuws**.

1. Voeg de Pagina **Nieuws** toe aan het menu.

2. Sleep het menu-item naar de gewenste plek bijvoorbeeld boven Contact.

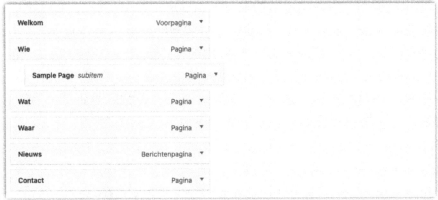

3. Klik daarna op **Menu opslaan**.
4. Bekijk de site.

Social links menu

Bij **Menu instellingen - Locatie tonen** zie je diverse namen. Het aantal en locatie-namen kan per thema verschillen. De namen worden bepaald door het thema (in dit geval Twenty Twenty-One).

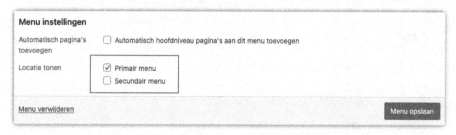

Een menu kan in een header, footer, linkerkolom etc. worden opgenomen. Is er een locatie te zien met de naam **Social Menu** dan is dit speciaal bedoeld voor een menu waarin menu-items worden opgenomen die linken naar social pages. In een Social menu worden automatisch social-media iconen gegenereerd. In het thema Twenty Twenty-One kun je gebruik van de locatie **Secundair menu**. Dit menu wordt in de footer vertoond.

Social menu maken

Ga naar **maak een nieuw menu aan**. Noem dit **Social Menu**.

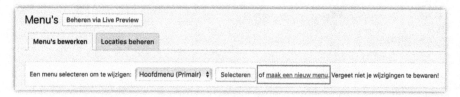

Klik daarna op de knop **Menu aanmaken**.

Als voorbeeld ga ik een social menu maken met verwijzingen naar de *Facebook*- en *Twitter* pagina van WordPress.
Ga naar **Menu items toevoegen** onderdeel **Aangepaste links**.

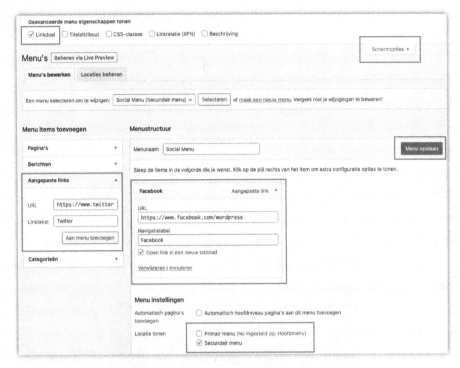

Plaats bij *URL* - **https://www.facebook.com/wordpress**.

Plaats bij *Linktekst* - **Facebook**.

Klik daarna op de knop **Aan menu toevoegen**. Doe hetzelfde voor Twitter.

URL - **https://www.twitter.com/WordPress**. *Linktekst* - **Twitter**.

Met behulp van **Schermopties** (rechtsboven in het scherm) is het mogelijk om m.b.v. **Linkdoel** een link te **openen in een nieuw tabblad**.

Dit kan pas na activatie en per menu-item worden aangegeven.

Bij **Menu instellingen**: *Locatie tonen* - selecteer **Secundair menu**.

Klik op de knop **Menu opslaan**. Bekijk de site (footer).

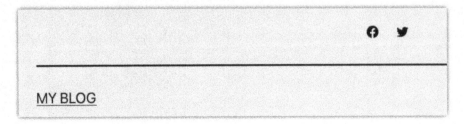

CATEGORIEËN

In WordPress kun je **Berichten** koppelen aan één of meerdere **Categorieën**. Door categorieën aan te maken zijn deze door lezers eenvoudig te vinden.

Categorieën kun je opnemen in een navigatie-menu en is ook te gebruiken als sidebar-widget.

1. Ga naar: **Dashboard > Berichten > Categorieën**.

2. Ga met de muis naar: *Geen categorie* - **Snel bewerken**.

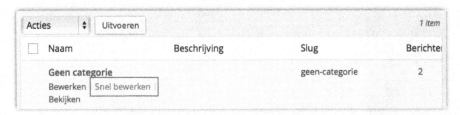

3. Verander de naam naar *Blogberichten*. Klik op **Categorie bijwerken**.

Je kunt de categorie *Uncategorized* ook behouden en zelf een nieuwe aanmaken. Deze categorie kun je gebruiken om berichten te vinden die nog niet gekoppeld zijn aan een categorie.

Onder **Nieuwe categorie toevoegen** maak je een nieuwe categorie aan. Categorieën kunnen een hiërarchische structuur bevatten.

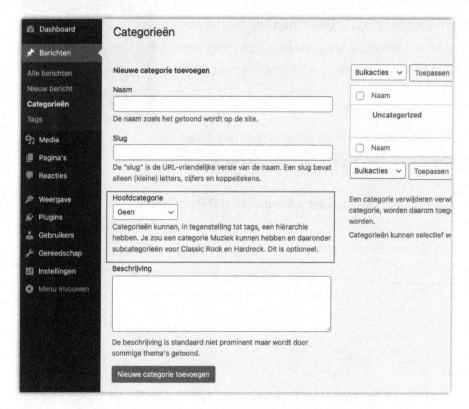

Met **Hoofdcategorie** kun je de volgorde aangeven.

Ben je klaar, klik dan op de knop **Nieuwe categorie toevoegen**

Wil je bijvoorbeeld bloggen over sport dan is sport een hoofdcategorie. Sport-onderdelen zoals voetbal, basketbal en volleybal zijn subcategorieën.

Ga vervolgens naar: **Dashboard > Berichten > Alle Berichten**.

Klik op een **bericht** om van categorie te veranderen.

WIDGETS

Widgets zijn elementen die extra visuele en interactieve opties toevoegen aan een site. Dit zijn onderdelen zoals een **Zoekveld, Reacties, Archief, Meest Recente Berichten, Categorieën**, etc.

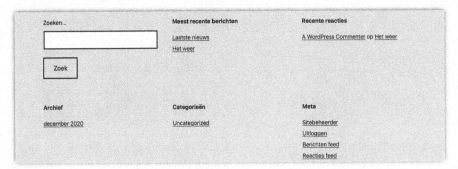

Widgets worden meestal opgenomen in een **footer** of **zijbalk** van een thema.

Widget toevoegen

1. Ga naar **Dashboard > Weergave > Widgets**.

2. Scroll naar beneden en klik op het **+** icoon. Selecteer een **Kalender** blok.

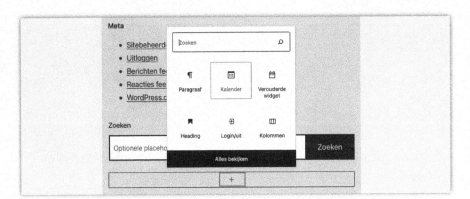

3. **Sleep** het blok naar een positie b.v. helemaal bovenaan.
4. klik daarna op **Opslaan**.

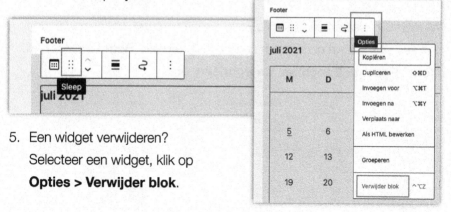

5. Een widget verwijderen?

   Selecteer een widget, klik op

   Opties > Verwijder blok.

6. Bekijk de site.

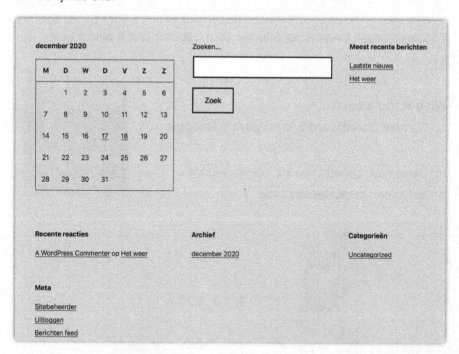

Widgets zijn thema afhankelijk. Wanneer je een ander thema activeert dan kan het nodig zijn om je widgets opnieuw toe te voegen.

Content in zijbalk of footer

Wil je extra informatie opnemen in een zijbalk, maak dan gebruik van het **+** **icoon** linksboven in het scherm. Alle blokken dat in dit venster wordt vertoond, kunnen in een zijbalk of footer worden opgenomen.

Een Paragraaf en Afbeelding blok in een footer plaatsen gaat als volgt:

1. Ga naar: **Dashboard > Weergave > Widgets**.
2. Klik op het **+** **icoon**.
3. Selecteer een **Heading** blok, plaats daarna tekst in het blok.
4. Selecteer een **Afbeelding** blok en selecteer een afbeelding uit de Mediabibliotheek.
5. Beidde blokken selecteren, klik op het **groeps-icoon** links in de **optiebalk** en selecteer **Groep**.

6. Daarna eventueel volgorde aanpassen.

7. Klik op **Opslaan**.

8. Bekijk de site.

Omdat beidde blokken zijn gegroepeerd wordt dit als één blok (onder elkaar) in de footer geplaatst. Losse blokken worden naast elkaar geplaatst.

PRAKTISCHE BLOKKEN

Vanaf WordPress versie 5.0 is het niet meer nodig om plugins te installeren om o.a. kolommen, tabellen of knoppen te plaatsen. Dankzij de nieuwe teksteditor kun je gebruik maken van verschillende blok-elementen. In dit hoofdstuk laat ik een aantal praktische elementen zien.

Kolommen

Ga naar een Pagina en klik op het **+** **icoon** (linksboven).
Selecteer **ONTWERP > Kolommen**.

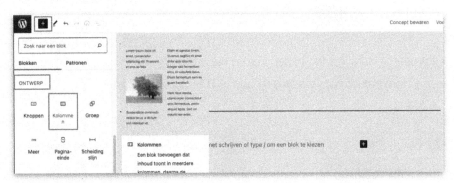

Kies voor een variatie. Het is aan te bevelen om niet meer dan 2 of 3 kolommen te gebruiken.

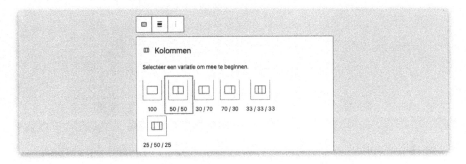

In een mobiele weergave worden kolommen onder elkaar vertoond.

125

De kolommen zijn geplaatst. In elke kolom vind je een **+ icoon**.

Klik op het linker en rechter **+ icoon** om een **Paragraaf** te plaatsen.

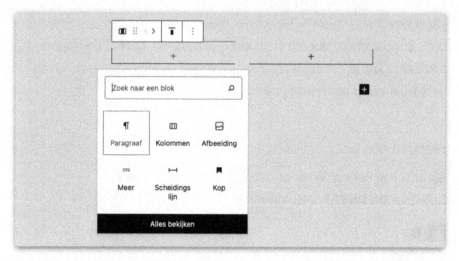

Blok-elementen worden in een kolom genest. Wil je een blok-element in een kolom selecteren, maak dan gebruik van **Lijstweergave**.

Dit is linksboven in het venster te vinden.

Klik in een paragraaf, ga daarna naar **LIJSTWEERGAVE** (linksboven). Door in deze lijst een blok te selecteren kun je eenvoudig een element aanpassen (rechts).

Tabellen

Klik op het **+** **icoon**. Selecteer daarna **TEKST > Tabel**.

Geef daarna het aantal **kolommen** en **rijen** aan. Klik op de knop **Tabel maken**. Plaats wat content in de tabel.

Vanuit **Instellingen** kun je kiezen voor *Tabelcellen met een vaste breedte*.

Knoppen

Een knop krijgt net iets meer aandacht dan een tekstuele link.

Klik op het **+** icoon. Selecteer **ONTWERP > Knoppen**.

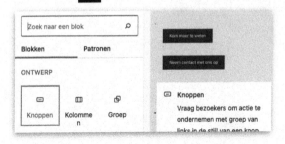

Plaats **tekst** in een knop. Klik op het **link-icoon** en typ of plak een **URL** in het koppelingsveld. Vanuit **Opties** (rechts) kun je knop-eigenschappen aanpassen.

Bij **Stijlen** kies je voor **Vullen**. Met **Kleur** kun je de Tekst- of Achtergrondkleur aanpassen. Afronding kan met **Straal**.

Met **Toolbar-Link** zorg je ervoor dat de link wordt geopend **In een nieuwe tab**.

Klik daarna op de knop **Bijwerken** of **Publiceren**.

Galerij

Klik op het **+** icoon. Selecteer **MEDIA > Galerij**.

In het Galerij-blok kun je nieuwe bestanden **Uploaden** of bestanden selecteren uit de **bibliotheek**. Klik op de knop **Mediabibliotheek**.

Selecteer een aantal afbeeldingen.

Klik daarna op de knop **Een nieuwe galerij aanmaken**.

Een nieuw overzichtsscherm verschijnt.

Klik daarna op de knop **Galerij invoegen**.

Het mogelijk om o.a. de afbeeldings-volgorde aan te passen.

Selecteer een **afbeelding**. Klik in de toolbar op het pictogram **Link** en selecteer **Uitvouwen bij een klik**.

Publiceer je Bericht of Pagina en bekijk de site.

Patronen

Met **Blokken** kun je een Pagina of Bericht opmaken. Je mag ook gebruik maken van **Patronen**. Patronen (content templates) zijn samengestelde blokken. Geschikt voor diverse pagina's zoals o.a. een welkom-, blog- of contactpagina. Patronen zijn een onderdeel van het actieve thema.

Door gebruik te maken van **Patronen** bespaar je veel tijd. Na het toevoegen van een patroon kun je eenvoudig tekst of afbeeldingen vervangen.

Met behulp van **Instellingen** (rechterkolom) kun je de stijl aanpassen.

Het is ook mogelijk om **Herbruikbare Blokken** (ongeveer hetzelfde als Patronen) te maken en toe te voegen aan WordPress. In het boek *WordPress - Gutenberg* wordt uitgelegd hoe je dat kunt doen.

THEMA AANPASSEN

Het is mogelijk om het actieve thema vanuit het Dashboard aan te passen. Het aantal onderdelen dat je kunt aanpassen is per thema afhankelijk.

Ga naar: **Dashboard > Weergave > Thema's**. Klik op **Customizer**.
Of ga naar: **Dashboard > Weergave > Customizer**.

Een nieuw venster verschijnt. In de linkerkolom zie je het aantal onderdelen dat je kunt aanpassen. De opties klappen uit wanneer je erop klikt.

In dit thema kun je **Site-identiteit**, **Kleuren & donkere modus**, **Achtergrondafbeelding**, **Menu's**, **Widgets**, **Homepage-instellingen**, **Instellingen samenvatting** en **Extra CSS** aanpassen.

Wil je b.v. themakleuren aanpassen dan kan dit doen met de optie **Kleuren & donkere modus**. Bij **Achtergrondkleur** klik op **Selecteer kleur** en pas de kleur aan. Het resultaat is direct te zien in het rechtervenster.

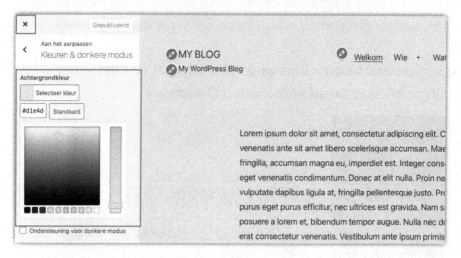

Vergeet daarna niet op de knop **Opslaan** te klikken om wijzigingen op te slaan. Klik daarna op het kruisje **X** linksboven in het venster.

Header plaatsen

Een **Header** is een sfeerafbeelding dat bovenin een site wordt vertoond. Meestal is dit vanuit de **Customizer > Header** aan te geven. Het thema *Twenty Twenty-One* maakt hiervan **geen** gebruik. In plaats daarvan gebruikt dit thema een **Uitgelichte afbeelding** als **Header**. Om dit toe te passen ga naar een **Bericht** of **Pagina**.

Ga naar: **Dashboard > Pagina's**. Selecteer de startpagina **Welkom**. Vanuit de rechterkolom **Instellingen-Pagina** klik je op **Uitgelichte afbeelding** en selecteer een (grote) afbeelding uit je mediabibliotheek. Klik daarna op de knop **Update**.

De uitgelichte afbeelding wordt nu als header vertoond.

Doe je dit voor elke pagina dan heb je een afwisselende header.

Favicon

Een favicon (favorite icon) is een site pictogram die te zien is in een browser-venster. Wordpress geeft aan dat een favicion vierkant of minimaal 512 × 512 pixels moet zijn. Je kunt hiervoor elke web-formaat gebruiken, gif, jpg of png.

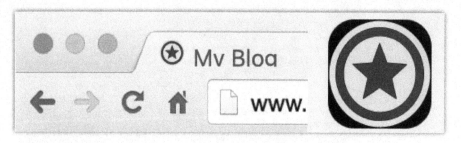

Ga naar **Dashboard > Weergave > Customizer** - **Site-identiteit**.
Bij **Site pictogram** klik je op **Site pictogram selecteren**.

Selecteer vanuit de mediabibliotheek een logo (of afbeelding) en snij dit bij wanneer dit nodig is.

Je krijgt een voorbeeld te zien. Klik daarna op de knop **Publiceren**.

NIEUW THEMA

Een **klassieke thema** is een verzameling van PHP- en CSS-bestanden.
Een thema bepaalt het ontwerp en functionaliteit van een WordPress site.

Een gebruiker kan met een thema de vormgeving van de site veranderen
zonder verlies van content. Een thema wordt ook wel template genoemd.

Er zijn vanuit WordPress meer dan 11.000 vrije thema's te downloaden.
Daarnaast zijn er ook commerciële thema's beschikbaar. De kosten hiervan
variëren van 10 tot ongeveer 70 dollars.

In dit hoofdstuk laat ik zien hoe je een thema kunt **downloaden**, **installeren** en **activeren**.

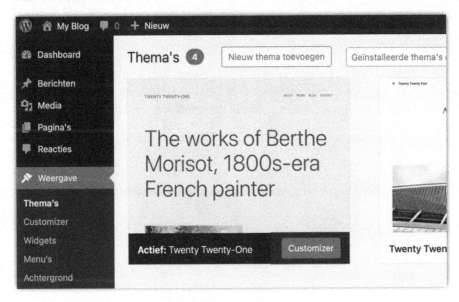

Ga naar: **Dashboard > Weergave > Thema's**.
Klik op de knop **Nieuw thema toevoegen**.

Thema downloaden en installeren

Je kunt op verschillende manieren op zoek gaan naar een geschikt thema. In het scherm **Thema's toevoegen** zie je een aantal opties; Populair, Nieuwste, Blokthema's, Favorieten en Eigenschapfilter.

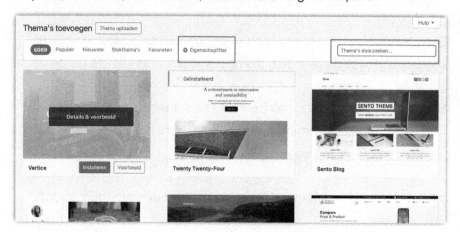

Met **Thema's doorzoeken** (rechts) of met **Eigenschap filter** kun je een geschikt thema vinden.

Met de knop **Thema uploaden** kun je een gedownloade thema installeren. In dat geval wordt het als **Zip** bestand geïnstalleerd.

Voor meer vrije thema's ga naar: *http://wordpress.org/extend/themes*.

Heb je een thema gevonden klik dan op **Details & voorbeeld**. Als het thema aan je verwachting voldoet klik dan op de knop **Installeren**.

Als voorbeeld ga ik het thema **Maxwell** (ThemeZee) installeren.
Typ in het zoekveld **"Maxwell"** en klik op de knop **Zoeken**.

Ga met de muis over een preview van het thema. Voor meer informatie klik op **Details & voorbeeld**. Klik op **installeren**. Daarna op **Activeren**.

Vanuit **Dashboard > Weergave > Thema's** zie je het aantal geïnstalleerde thema's. Met **Activeren** kun je van thema veranderen. Bekijk de site.

Na een thema wisseling kan het voorkomen dat het menu is verdwenen.
In dat geval ga je naar: **Dashboard > Weergave > Menu's** om dit aan te
passen. In het thema Maxwell is het hoofdmenu nog steeds te zien.
De Social Menu wordt in dit thema niet vertoond. Hiervoor heb je een
Maxwell Pro versie nodig (€ 59,-). Wil je alsnog social media iconen opne-
men in je website dan kan dit met **Widgets** of **Plugins**.

Vanuit **Menu instellingen** → **Locaties tonen** geef je aan wat de nieuwe
locatie is van het menu.
In dit geval heb je maar één keuze n.l. **Hoofdnavigatie**.

De menu *Locatie* kan dus per thema verschillen. Na het selecteren van een
nieuwe locatie klik op de knop **Menu opslaan**.

Thema aanpassen

Zoals je inmiddels weet is de **Customizer** thema afhankelijk.
Bekijk de Maxwell thema opties.

1. Ga naar: **Dashboard > Weergave > Thema's**. Klik op **Customizer**.
2. Of ga naar: **Dashboard > Weergave > Customizer**.

In de linkerkolom zie je het aantal onderdelen welke
je kunt aanpassen. De opties klappen uit wanneer
je erop klikt.

In dit thema kun je **Site-identiteit**, **Kopafbeel-**
ding, **Achtergrond**, **Menu's**, **Widgets**, **Home-**
page-instellingen, **Thema Opties** en **Extra CSS**
aanpassen.

Wil je b.v. de themakleur aanpassen, dan kan dit
met de optie **Achtergrond > Achtergrondkleur**.

Header plaatsen

Het thema *Twenty Twenty-One* maakt geen gebruik van de custom-optie **Header**. Het thema **Maxwell** wel.

Om het thema te voorzien van een header ga naar:
Dashboard > Weergave > Header of
Dashboard > Customizer - Header afbeelding

Open een browser en ga op zoek naar een header-afbeelding. Zoals wordt aangegeven werkt het thema het beste met een JPG af-beelding van **1200 x 400 pixels**.

Klik op de knop **Nieuwe afbeelding toevoegen,** selecteer een bestand.

Klik daarna op **Uploaden**. Is het formaat te groot dan wordt er gevraagd of je de header wilt bijsnijden. In dit geval klik je op **Bijsnij-den overslaan**. Het bestand is geïmpor-teerd.

Klik daarna op de knop **Publiceren**.
Bekijk je site.

De header is op elke pagina of bericht te zien. Wil je een afwisselende header dan kun je gebruik maken van een plugin.

In het hoofdstuk **Aangepaste headers** kun je lezen hoe je dit kunt toepassen.

BLOK THEMA

Het thema **Twenty Twenty-Two** is het eerste standaard blok thema. Hiermee is het mogelijk om een thema visueel aan te passen. Je kan o.a. onderdelen zoals een titel, logo en navigatie-menu bewerken of toevoegen. Het is ook mogelijk om de structuur van een **Homepage**, **Bericht** of **Pagina** te veranderen. Je kan de standaard tekst in de footer aanpassen. En zelfs de stijl wijzigen, zoals kleur, afmetingen en lettertype.

Het aanpassen van een blokthema gebeurt met dezelfde editor als in pagina of bericht. WordPress noemt dit **Full Site Editing**. Het is een site editor en bouwer. **Maak een nieuwe WordPress website** met **Local** (zie hoofdstuk WordPress installeren).

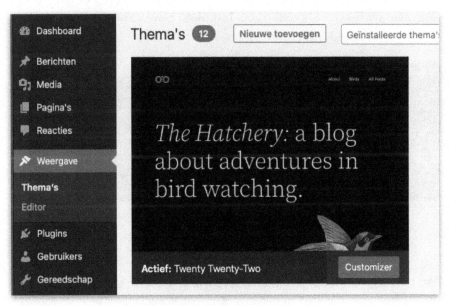

Ga naar **Dashboard > Weergave**. **Installeer** en **activeer** het thema **Twenty Twenty-Two**. WordPress wil in deze versie laten zien hoe eenvoudig het is om te werken met blok thema's.

Klik op **Weergave > Editor**. De Site Editor verschijnt. In de linkerkolom zie je een aantal opties: **Navigatie**, **Stijlen**, **Pagina's**, **Templates** en **Patronen**, rechts zie je de homepagina met de laatste berichten.

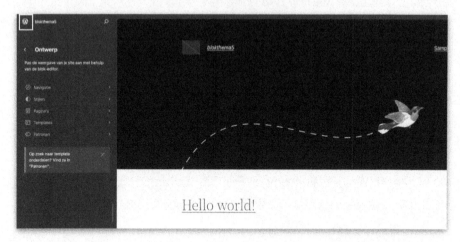

Selecteer de **titel** en klik daarna op **Template bewerken**. Een **optiebalk** verschijnt boven het blok.

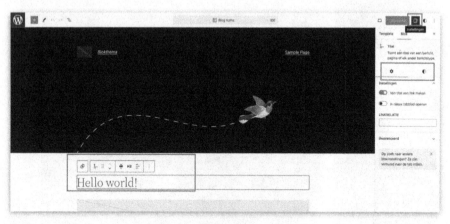

Met het icoon **Instellingen** (rechtsboven) krijg je in een rechterkolom extra **blok-opties** te zien. Met behulp van **Blok-Instellingen** (kolom icoon) en **Stijlen** (halve maan icoon) kun je het blok verder aanpassen.

Met het **WordPress** icoon (linksboven) ga je terug naar de Site Editor.

Ga naar **Weergave > Editor - Templates**. Templates bestaan uit **Templa-te onderdelen** (parts) en **blokken**. Samen vormen ze een pagina. Een *template onderdeel* is b.v. een **Header**, **Sidebar** of **Footer**. Een Template beschikt over diverse onderdelen.

De naam van een **Template** geeft aan waarvoor het is gemaakt. De template **Enkel berichten** wordt vertoond nadat een bezoeker vanuit de homepage op een **bericht** heeft geklikt. Hiermee is het gehele bericht te zien. Het aantal templates verschilt per thema.

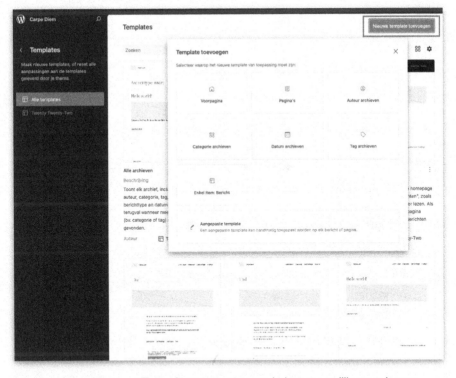

Met de knop **Nieuwe Template toevoegen** is het mogelijk om nieuwe templates aan te maken.

Selecteer **Enkel berichten** en klik op een **blok** om het te bewerken.

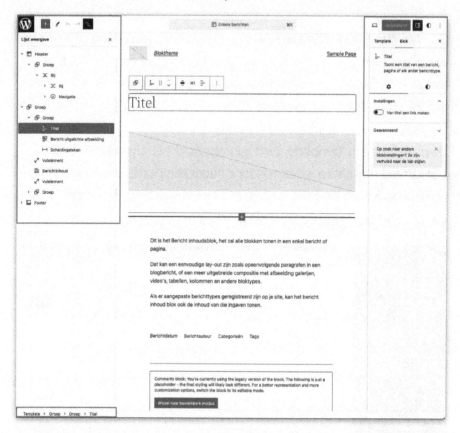

De structuur van een template bestaat uit **Template onderdelen** en **Thema blokken**. Door een template onderdeel of blok te selecteren, kun je zien wat het is. Maak hierbij gebruik van **Lijstweergave** of het **kruimelpad**. Met behulp van **blokopties** en -**instellingen** (rechterkolom) kun je blok eigenschappen aanpassen.

Met behulp van de **blok-inserter**,  icoon (linksboven) kun je template onderdelen en thema blokken toevoegen.

Ga naar **Weergave > Editor > Patronen**. Naast thema **Patronen** (layouts) vindt je ook een lijst van **TEMPLATE ONDERDELEN**.

Klik op een **Template onderdeel** om te bewerken. De naam geeft aan wat voor onderdeel dit is.

Met de knop **Patroon toevoegen > Nieuw template onderdeel toevoegen** is het mogelijk om meerdere template onderdelen aan te maken.

Het voordeel van **Template onderdelen** is dat je beter kunt focussen op de layout van een onderdeel. Je wordt hiermee niet geconfronteerd met de gehele opmaak van een webpagina.

Homepage, Template en Template Parts bewerken

Met behulp van de Gutenberg Site Editor kun je Blokken en Patronen toe-voegen of bewerken. De wijzigingen worden na het opslaan direct toege-past. Nadat een Template of Template Part is aangepast wordt dit in het overzicht aangegeven met behulp van **Acties** (drie puntjes).

Selecteer **Herstellen** om de aanpassingen terug te draaien.

Als voorbeeld ga je een template bewerken.

Ga naar **Editor > Templates**. Klik op de template **Enkel Bericht**.

Het doel is om de Header en Footer te vervangen door een Patroon. Daarna ga je de Meta informatie: Datum, Auteur en Categorie blokken direct onder de Titel plaatsen.

Header en Footer aanpassen:

1. Gebruik **Lijstweergave** en selecteer de **Groep** in de **Header**.
2. Klik op het ➕ icoon en selecteer **Patronen**.
3. Selecteer de categorie **Headers**.
4. Kies **Text-only header with tagline and black background**.
5. Selecteer de **oude groep** en **verwijder** dit.
6. Tekst- en Linkkleur aanpassen naar de kleur wit.

Doe hetzelfde voor de footer, gebruik **Dark footer with title and citation**.

Daarna de Meta informatie onder de titel plaatsen.

Selecteer en **Sleep** de **Rij** met Meta informatie direct onder de **Titel**.

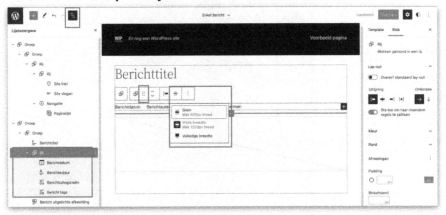

De **Lijstweergave** tool kan je hierbij helpen. Daarna de breedte aanpassen naar **Wijde breedte**. Klik op **Opslaan** en bekijk een bericht.

Wil je meer weten over **Layouts**, **Full Site Editing** en **Blok thema** maken lees dan het boek **WordPress Gutenberg** en **WordPress Blok Thema**.

Let op! **Activeer** het thema **Twenty Twenty-One**, dit heb je nodig voor het hoofdstuk FOOTER AANPASSEN.

FOOTER AANPASSEN

Een Footer is een site element aan de onderkant van het thema. In de footer van **Twenty Twenty-One** vind je de site-titel en de tekst *"Met trots aangedreven door WordPress."* of *"Proudly powered by Wordpress"* .

De voettekst kun je "onder de motorkap" aanpassen:

1. Activeer het thema **Twenty Twenty-One**.
2. Ga naar: **Dashboard > Weergave > Thema Editor**.

   Een **popup venster** verschijnt. Klik op de knop **Ik begrijp het**.

   Daarna krijg je PHP-bestanden te zien.

In de **rechterkolom** zie je alle themabestanden van het thema **Twenty Twenty-One**.

3. Klik op **Themavoettekst *(footer.php)***, rechterkolom.

   Tip! Maak eerst een **backup** van de code. Kopieer de code en plak dit in een tekstbestand. In het venster mag je het bestand aanpassen.

```
57          <?php
58          if ( function_exists( 'the_privacy_policy_link' ) ) {
59              the_privacy_policy_link( '<div class="privacy-policy">', '</div>'
60          }
61          ?>
62
63          <div class="powered-by">
64              <?php
65              printf(
66                  /* translators: %s: WordPress. */
67                  esc_html__( 'Proudly powered by %s.', 'twentytwentyone' ),
68                  '<a href="' . esc_url( __( 'https://wordpress.org/', 'twentytwe
69              );
70              ?>
71          </div><!-- .powered-by -->
72
73      </div><!-- .site-info -->
74  </footer><!-- #colophon -->
75
```

4. Verwijder het script tussen de onderstaande tags
   <?php en **?>** , regel 65 t/m 69.

5. Plaats nieuwe informatie tussen deze twee tags:
   <?php

   ```
   print "Carpe Diem - "; echo date('D, d, M, Y');
   ```

   ?>

```
62
63          <div class="powered-by">
64              <?php
65              print "Carpe Diem - "; echo date('D, d, M, Y');
66              ?>
67          </div><!-- .powered-by -->
68
```

6. Het script na "Carpe Diem - " genereert de huidige datum.
   ('D, d, M, Y') = dag, cijfer, maand en jaar. Indien gewenst,
   verwijder één van de letters om de datum aan te passen.
   Tip: Let op de aanhalingstekens. "fout" - "goed" .

7. klik op de knop **Bestand bijwerken** en bekijk de site.

Sitebeheerder
Uitloggen
Berichten feed
Reacties feed
WordPress.org

MY BLOG   Pluk de dag - Sun, 03, Jan, 2021

Deze oefening laat zien waar je moet zijn om een thema-bestand aan te passen. Het is helaas wel zo dat als er een thema update plaatsvindt de aanpassing weer wordt hersteld.

Wil je een blijvende wijziging uitvoeren dan moet er een **Child Theme** van het originele thema worden gemaakt. Dit is een soort van kopie van het originele thema.

Maak je gebruik van een Blok thema (zie hoofdstuk BLOK THEMA), dan kun je gebruik maken van de Site Editor. Het is dan niet meer nodig om hiervoor een PHP-bestand aan te passen.

Vind je het leuk om code onder de motorkap aan te passen of wil je weten hoe een Child Theme wordt gemaakt, bekijk dan de volgende boeken: *WordPress - Gevorderd* of *WordPress - Onder De Motorkap.*

GEBRUIKERS

In WordPress kunnen verschillende gebruikers toegang krijgen tot het beheren van een website. Door gebruikers verschillende rechten te geven heeft deze volledige of beperkte toegang.

Gebruikers aanmaken:

1. Ga naar: **Dashboard > Gebruikers > Nieuwe toevoegen**.

    Maak een nieuwe gebruiker aan.

    Zorg dat je de verplichte velden hebt ingevuld.

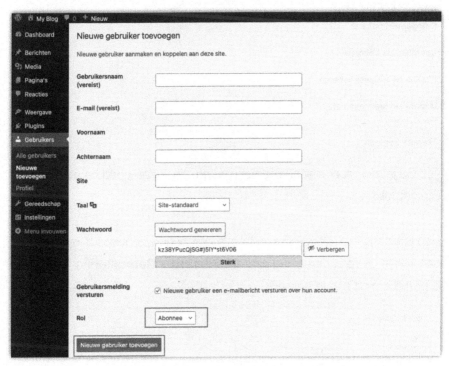

2. Geef een gebruiker een **Rol** (rechten) voordat je de **Nieuwe gebruiker** toevoegt.

Overzicht van verschillende rollen:

	Abonnee	Schrijver	Auteur	Redacteur	Administrator
Berichten lezen	●	●	●	●	●
Commentaar geven op Berichten	●	●	●	●	●
Berichten wijzigen of verwijderen		●	●	●	●
Berichten publiceren			●	●	●
Mediabestanden uploaden en beheren			●	●	●
Berichten en Pagina's wijzigen, verwijderen of publiceren				●	●
Categorieën beheren				●	●
Commentaar beheren				●	●
Plugins en Widgets beheren					●
Gebruikers toevoegen of verwijderen					●
Thema's beheren					●

Tip: Ga je met meer mensen samenwerken, denk dan goed na over de rol van gebruikers.

Heb je tijdens een WordPress installatie een zwak wachtwoord ingevoerd dan kun je dit veranderen. Ga naar **Dashboard > Gebruikers** en selecteer je profiel om dit aan te passen.

Gebruikersbeheer

Nieuw wachtwoord

Nieuw wachtwoord instellen

Sessies

Overal uitloggen

Je bent alleen ingelogd op deze locatie.

Update profiel

WORDPRESS PLUGINS

Extra functionaliteit inbouwen in WordPress doe je o.a. met plugins.

Je kunt dit zien als een aanvullende programma binnen het systeem.

Mis je iets in WordPress, bijvoorbeeld een mailformulier, een foto-galerij of zoekmachine-optimalisatie? Dan is daar vast en zeker een plugin voor.

Er zijn vele plugins beschikbaar. Maar wees verstandig. Stop de site niet vol met plugins. Gebruik plugins alleen wanneer je ze echt nodig hebt.

Door het gebruik van te veel plugins kunnen conflicten optreden.

De site wordt trager. De kans dat je website via een plugin gehackt wordt is groter. Ik adviseer dan ook om je eerst goed te informeren voordat je een plugin gaat gebruiken.

Plugin downloaden

Vanuit dit adres kun je WordPress plugins bekijken en downloaden:
http://wordpress.org/plugins.

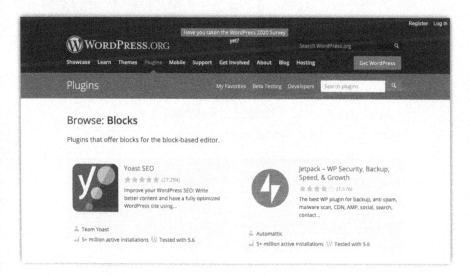

De juiste plugin

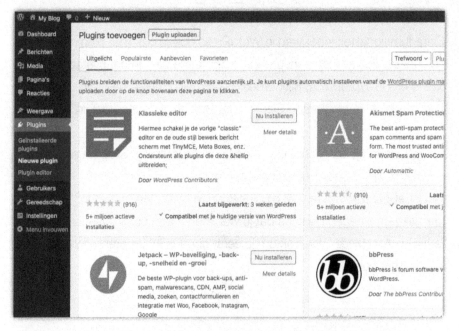

Plugins zijn via en buitenom het systeem te vinden. Heb je een plugin gevonden dan is het eenvoudig om een plugin te installeren. Neem de informatie goed door en vraag het volgende af voordat je gebruik maakt van een plugin:

- Heeft de plugin een goede waardering gekregen (rating ***).
- Is de plugin gebruiksvriendelijk? Voor zowel gebruiker als site bezoeker.
- Doet een plugin ook wat het zegt wat het moet doen.
- Is de plugin compatibel met de huidige versie.
- Hoeveel actieve installaties zijn er.
- Is de site trager geworden na het activeren van een plugin.

Voldoet een plugin niet aan de verwachting?
Verwijder deze zo snel mogelijk en ga op zoek naar een alternatief.

Plugin installeren

Ga naar **Dashboard > Plugins > Plugin toevoegen**.

Typ in het **Zoekveld** bijvoorbeeld *Contact Form 7*.

De plugin is gevonden. Klik op **Meer details** voor informatie.

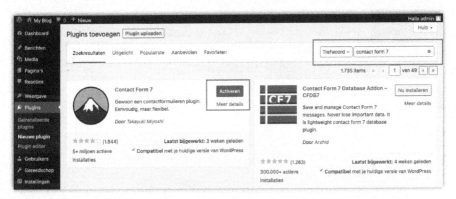

Klik daarna op de knop **Nu installeren**. Daarna op **Activeren**.

Wil je weten welke plugins je hebt geïnstalleerd?

Ga dan naar: **Dashboard > Plugins**.

Plugin configureren, ga naar **Dashboard > Contact**. Dit onderdeel is toe-gevoegd aan je Dashboard. Hier vind je o.a. informatie hoe je het formulier kunt aanpassen en gebruiken.

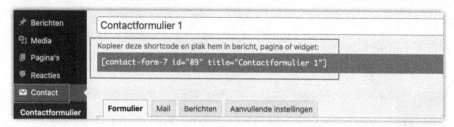

De plugin is nu ook te vinden in de Blok editor.

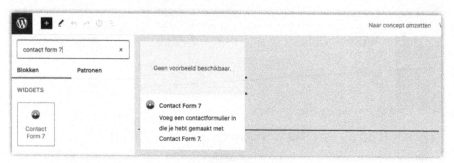

Ga naar een Pagina en klik op het ➕ **icoon** (linksboven).
Selecteer **WIDGETS > Contact Form 7**. Selecteer daarna *Contactformu-lier 1* en klik op de knop **Opslaan** of **Updaten**.

Via dit adres: **http://wordpress.org/plugins** kun je ook zoeken naar plu-gins. Je moet wel het bestand downloaden voordat je het kan installeren. Het gedownloade bestand is gecomprimeerd (**.zip**) bestand.

Ga naar **Dashboard > Plugins > Plugin toevoegen**. Met de knop **Plugin uploaden** kun je een plugin als **zip** formaat installeren.

Plugin verwijderen? Ga naar:

Dashboard > Plugins > Geïnstalleerde plugins.

Tip! Eerst een plugin **Deactiveren**.

Daarna **Verwijderen**.

Contact form 7 is een praktische plugin. Heb je meer formulier velden nodig dan adviseer ik een andere plugin. In het hoofdstuk *Formulier* gaan we een uitgebreid formulier maken. Het is dan ook aan te bevelen om de plugin *Contact Form 7* te deactiveren. En het contactformulier te verwijderen.

Favoriete plugins

Wil je bepaalde plugins regelmatig gebruiken, dan kun je ze als favoriet instellen bij WordPress.org. Hierdoor zijn ze via:

Dashboard > Plugins > Nieuwe plugin > Favorieten snel te vinden.

Wel eerst aanmelden bij WordPress.org:

http://wordpress.org/support/register.php.

In het volgende hoofdstuk laat ik een aantal handige plugins zien.

Akismet

WordPress levert standaard de plugin **Akismet**. Maak je gebruik van de mogelijkheid dat bezoekers kunnen reageren op Berichten dan beschermt deze plugin je tegen spam-reacties. Wil je Akismet gebruiken, activeer de plugin en gebruik een API sleutel. Dit kun je **gratis** aanvragen.

API sleutel aanvragen, ga naar: **https://akismet.com/plans**.
Kies **Get Personal**. In het volgende venster vul je de gegevens in.
Zet de **contributie slider** op **nul** Euro. Klik daarna op **Continue...**

Een API sleutel wordt per email naar je toegestuurd.

Akismet activeren en API sleutel invoeren:
Ga naar **Dashboard > Plugins**. **Activeer** de plugin Akismet.
Configureer je Akismet account. In dit venster gebruik je een **API** sleutel.
Klik op de knop **Verbinden** om het proces af te ronden.

Under construction

Met deze plugin scherm je een website af voor het publiek. Een gebruiker die is ingelogd krijgt wel de site te zien. Welke Under Construction plugin je kiest is afhankelijk van o.a. wordt de waardering en gebruiksvriendelijkheid. Kijk daarbij ook naar het aantal downloads van de plugin.

Als voorbeeld gebruik ik de plugin **LightStart – Maintenance Mode**.

Installeren

1. Ga naar **Dashboard > Plugins > Plugin toevoegen**.
2. Typ in het zoekveld *LightStart – Maintenance Mode*
3. **Installeer** en **Activeer** de plugin.

Na het activeren van de plugin kun je kiezen voor een gratis template.

Gebruik

Nadat is gekozen voor een template krijg je de instellingen te zien. Dit vind je onder **Dashboard > LightStart**.

1. Bij tab **Algemeen** selecteer **Status - Geactiveerd/Gedeactiveerd**.

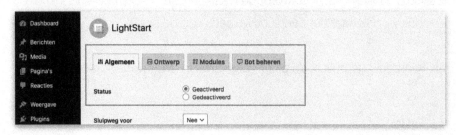

2. Bij tab **Ontwerp** kun je de pagina bewerken of kiezen voor een andere template.

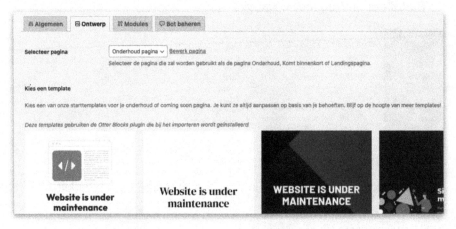

3. Klik op de tab **Modules**. Je ziet extra instellingen voor het uitbreiden van de plugin.

4. Klik op de tab **Bot beheren**. Hiermee stel je gespreksstappen in om e-mailadressen te vragen. Kies voor **Status - Geactiveerd**.

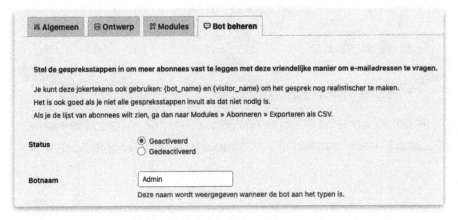

Klik daarna op de knop **Instellingen opslaan**.

5. Bekijk je site in een **andere browser**.

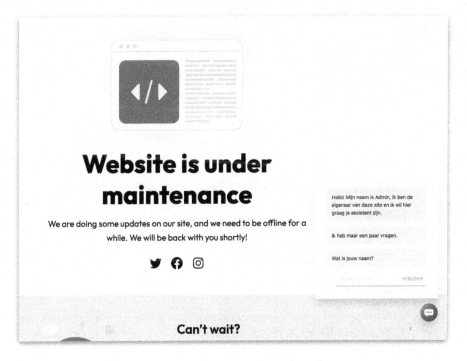

Google analytics

Is de site aangemeld bij Google Analytics en wil je dit voorzien van een Tracking ID-code, dan kan dit met **Simple Universal Google Analytics**.

Installeren

Ga naar: **Dashboard > Plugins > Plugin toevoegen**.

Typ in het zoekveld: *Simple Universal Google Analytics*.

Installeer en **Activeer** de plugin.

Gebruik

Ga naar: **Dashboard > Instellingen > Google Analytics**.

General Settings	
Tracking ID	UA-12345678-9
	Enter your Google Analytics Tracking ID for this website (e.g UA-35118216-1).
Wijzigingen opslaan	

Plaats de **Tracking ID** code in het tekstveld en klik op de knop **Opslaan**.

Formulier

Heb je een eenvoudige formulier nodig gebruik dan **Contact Form 7**. Wil je meer velden toevoegen aan een formulier dan adviseer ik om de plugin **wpforms** te gebruiken.

Installeren

Ga naar: **Dashboard > Plugins > Plugin toevoegen**.

Typ in het zoekveld: *wpforms*. **Installeer** en **Activeer** de plugin.

Gebruik

Ga naar **Dashboard > WPForms > Nieuwe formulier toevoegen**.

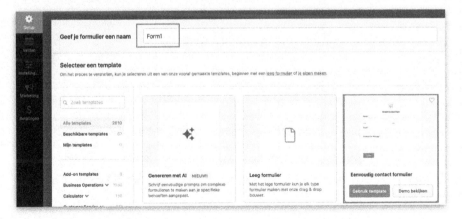

Formuliernaam - **Form1**. Selecteer daarna **Eenvoudig contact formulier**.

Een formulier is aangemaakt. Nu ga je extra velden toevoegen.

Klik op de knop **Checkboxes**.

Selecteer vanuit het formulier de checkboxes.

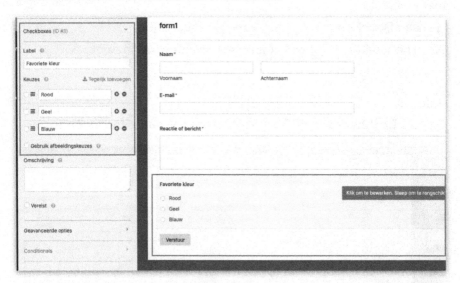

Verander de **Label** (titel) en **Keuzes**. In dit geval is de titel *Favoriete kleur* en keuzes *Rood, Geel en Blauw*. Het is mogelijk om het keuzeveld (links) te verplaatsen door dit op te pakken en verslepen. Ga naar rechtsboven en klik op de knop **Opslaan**, daarna op het **kruisje**.

Ga naar **Dashboard > Pagina's - Contact** en klik op het █**+**█ **icoon**.

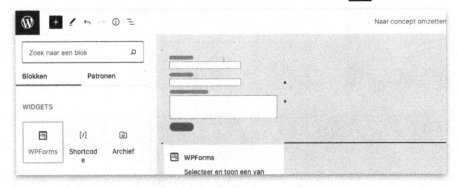

Ga naar **Blokken > WIDGETS > WPForms** en Selecteer *form1*.

Klik op de knop **Opslaan** of **Updaten** en **Bekijk** je pagina.

Formulier komt niet aan

Making Email Deliverability Easy for WordPress
The most popular WordPress SMTP and PHP Mailer plugin.
Trusted by over 3 million sites.

WP Mail SMTP by WPForms – The Most Popul...

Wordpress verstuurd mailberichten direct vanuit een webserver. Wordt een website gehost door een server vanwaaruit spam wordt verstuurd, dan is de kans groot dat deze wordt tegengehouden door spamfilters. Een beheerder ontvangt geen bericht, bezoekers geen e-mail-bevestiging.

Om dit probleem op te lossen kun je de plugin **WP Mail SMTP** gebruiken. Met behulp van deze plugin worden berichten via het SMTP protocol verstuurd. Een bericht zal niet meer als spam worden aangemerkt.

Installeren

Ga naar: **Dashboard > Plugins > Plugin toevoegen**.
Typ in het zoekveld: *WP Mail SMTP*. **Installeer** en **Activeer** de plugin.

Gebruik

Ga naar: **Dashboard > WP-Mail-SMTP**.

Algemeen	E-mailtest	E-mail log	Besturingselementen voor e-mail	Diversen

Vanuit de tab **Algemeen** kies je voor een *Mailer*. Gebruik het e-mail adres en SMTP gegevens van je domein. Deze heb je ontvangen van je webhost nadat een hosting is aangemaakt. In de meeste gevallen heb je zelf een e-mailadres aangemaakt vanuit een **DirectAdmin** controlepaneel.
Zie hoofdstuk "WordPress installeren".

1. Bij **E-mail**: e-mailadres en naam afzender.

2. Bij **Mailer**: selecteer *Andere SMTP dienst*.

3. Bij **Andere SMTP dienst**: b.v. *smtp.domeinnaam.nl.*

   Versleuteling - Geen.

   Authenticatie - AAN.

   SMPT-gebruikersnaam en **-wachtwoord**.

Klik daarna op de knop **Instellingen opslaan**.

Met behulp van deze plugin weet je zeker dat een bezoeker een formulierbericht ontvangt.

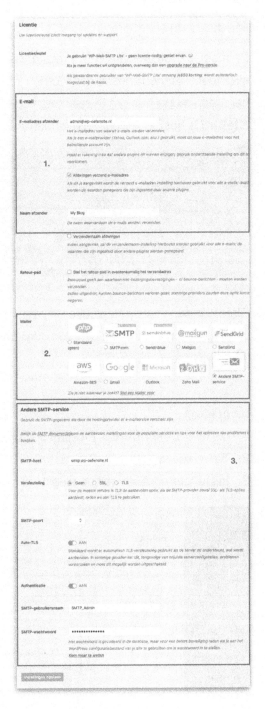

Mediabeheer uitbreiden

De mediabibliotheek van WordPress maakt geen gebruik van een folder-structuur. Alle mediabestanden worden in één venster vertoond, waarbij het alleen mogelijk is om te selecteren op bestandstype. Met de plugin **FileBird** is het mogelijk om bestanden in folders te plaatsen.

FileBird is een Freemium plugin. Dit betekend dat je helaas niet over een volledige (Premium) versie beschikt. Met de Free-versie is het mogelijk om 10 folders aan te maken.

Installeren

1. Ga naar **Dashboard > Plugins > Plugin toevoegen**.
2. Typ in het zoekveld *FileBird*.
3. **Installeer** en **Activeer** de plugin.

Gebruik

Ga naar **Dashboard > Media > Bibliotheek**.

Klik op de knop **+ Nieuwe map** om een folder aan te maken.

Sleep daarna een afbeelding naar de nieuwe folder.

Met de knop **Bulkselectie** kun je een selectie van afbeeldingen in een folder plaatsen.

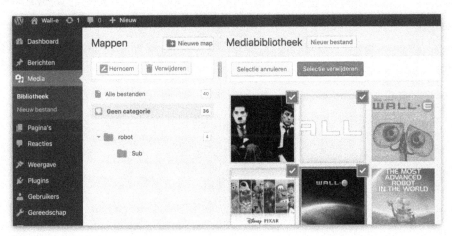

Een subfolder maken is ook eenvoudig. Maak een nieuwe map aan en sleep dit in een folder.

Een bestand uit een folder halen kan door een folder te selecteren. Daarna het bestand naar een andere folder of naar **Geen categorie** te slepen. Met de Lite versie is het mogelijk om 10 folders aan te maken.

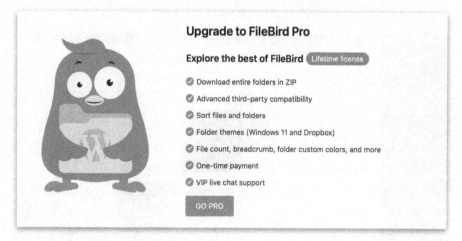

Heb je meer folders nodig dan heb je een Pro versie nodig.
Je mag de plugin upgraden voor $39,-.

ninjateam.org/wordpress-media-library-folders.

Galerij uitbreiden

Heb je een standaard WordPress galerij gemaakt dan kun je met de plugin **Simple Lightbox** er voor zorgen dat een galerij gebruik maakt van een Lightbox-effect. Dit is een effect waarbij je op een afbeelding kunt klikken om een vergroting te zien. De Galerij werkt daarna ook als carousel-slider.

Installeren

1. Ga naar **Dashboard > Plugins > Plugin toevoegen**.
2. Typ in het zoekveld **Simple Lightbox**.
3. **Installeer** en **Activeer** deze plugin.

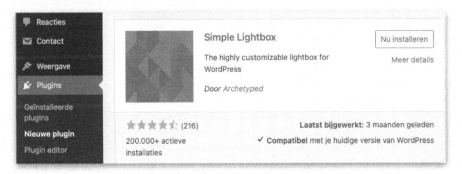

Om Lightbox in een galerij te activeren ga je naar een Pagina waarin een galerij (blok-element) is opgenomen. Zie hoofdstuk **Galerij**.
Simple Lightbox werkt ook met afbeeldingen, knoppen en koppelingen.

Selecteer het blok **Galerij**. Klik op het **link icoon** en selecteer **Link naar afbeeldingsbestand**.

Vergeet daarna niet om op de knop **Updaten** te klikken.

Bekijk je site.

Voor instellingen ga naar: **Dashboard > Weergave > Lightbox**.

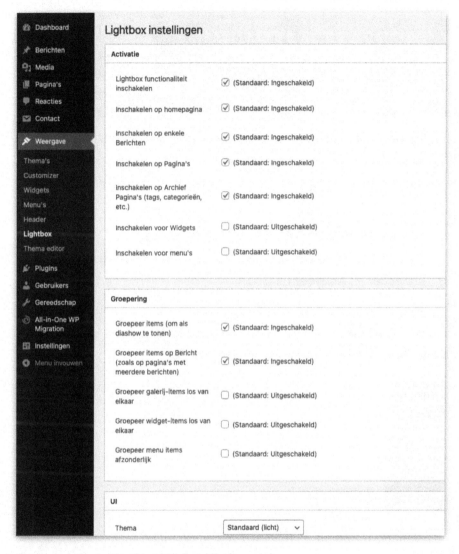

Onderaan de pagina kun je tekst-labels vertalen.

Vergeet daarna niet op de knop **Opslaan** te klikken.

Upload grootte uitbreiden

De **Maximale bestandsgrootte van upload** is standaard 8 MB.

Een film-bestand van b.v. 10 MB uploaden is helaas niet mogelijk.

Met behulp van een plugin kun je de uploadgrootte aanpassen.

Installeren

1. Ga naar **Dashboard > Plugins > Plugin toevoegen**.
2. Typ in het zoekveld *Increase Maximum Upload File Size* (Imagify).
3. **Installeer** en **Activeer** de plugin.

Gebruik

Ga naar **Dashboard > Instellingen > Increase Maximum Upload File Size**. Selecteer een waarde. Bijvoorbeeld **64MB**.

Klik daarna op de knop **Wijzigingen opslaan**. Bekijk je uploadgrootte.

Aangepaste zijbalken

Een van de eerste vragen die studenten stellen: "Kan ik ook verschillende sidebars gebruiken?". Met de plugin **Custom Sidebars** kun je verschillende zijbalken maken die verschillende widgets bevatten.

De plugin werkt niet met de nieuwe **Widget Blok Editor**. Om hiervan gebruik te maken wordt aanbevolen om eerst de plugin **Classic Widgets** (*van WordPress Contributors*) te installeren.

> 🔥 IMPORTANT 🔥
>
> Custom Sidebars plugin is NOT compatible with the new widgets edit screen (powered by Gutenberg). Install the official Classic Widgets plugin if you want to continue using it.

Installeren

1. Ga naar **Dashboard > Plugins > Plugin toevoegen**.
2. Typ in het zoekveld *Custom Sidebars*.
3. **Installeer** en **Activeer** de plugin.

 **Custom Sidebars – Dynamic Sidebar Widget Area Manager**

Flexible sidebars for custom widget configurations on any page or post. Create custom sidebars with ease!

Von WebFactory Ltd

Jetzt installieren

Weitere Details

Gebruik

Ga naar **Dashboard > Weergave > Widgets**.

Klik op de knop **+ Maak een nieuwe zijbalk aan**.

Vanuit het nieuwe scherm geef je de nieuwe sidebar een **Naam** en **Beschrijving**. Klik daarna op de knop **Zijbalk aanmaken**.

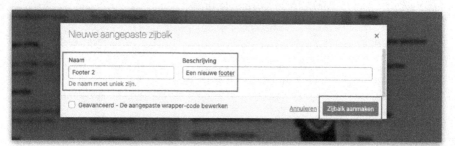

Nadat een nieuwe zijbalk is aangemaakt ga je in **Footer 2** nieuwe widgets plaatsen. Opslaan is niet nodig.

Ga daarna naar **Dashboard > Pagina's**. Kies voor een pagina die je wil koppelen aan de nieuwe sidebar. Bij het onderdeel **Zijbalken** kies je voor **Footer 2**. Klik daarna op de knop **Updaten**.

Zorg ervoor dat de pagina is opgenomen in de navigatiebalk. Bekijk de site en klik op de menu-item waaraan de pagina en zijbalk is verbonden.

Aangepaste headers

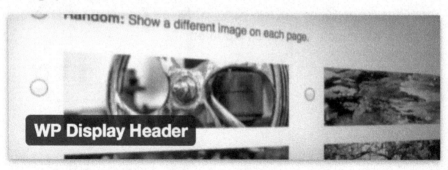

Het is ook mogelijk om verschillende header-afbeeldingen te gebruiken. Om de plugin te kunnen gebruiken, moet het thema header-afbeeldingen ondersteunen. **Activeer het Maxwell-thema**. De plugin werkt op dezelfde manier als de Custom Sidebars plugin.

Vanuit een Pagina of Bericht kan je aangeven wat de bijbehorende header is. Wordt de pagina ingeladen dan zal de header meeveranderen. Let op! De plugin is niet geschikt voor blok thema's.

Installeren

1. Ga naar **Dashboard > Plugins > Plugin toevoegen**.
2. Typ in het zoekveld *WP Display Header.*
3. **Installeer** en **Activeer** de plugin.

Nieuwe headers importeren

Nu is het de bedoeling om verschillende headers in de Mediabibliotheek op te nemen. Ga naar **Dashboard > Media**. Klik op **Nieuw bestand**.

Importeer verschillende header afbeeldingen.

Tip: Zorg ervoor dat alle header afbeeldingen dezelfde hoogte krijgen.

Het thema **Maxwell** geeft aan dat een header 1200 × 400 pixels mag zijn. Na het uploaden kun je een afbeelding nog bijsnijden zodat het perfect past.

Ga naar **Dashboard > Weergave > Header**.

Klik op **Nieuwe afbeeldingen toevoegen** en selecteer je nieuwe header.

Het kan zijn dat je de header afbeelding wilt bijsnijden.

Klik in dat geval op de knop **Selecteren en bijsnijden**. In de linkerkolom verschijnen de nieuwe headers. Het is overigens ook mogelijk om een nieuwe afbeelding te gebruiken als standaard header door dit te selecteren. Daarnaast is het ook mogelijk om je headers willekeurig te laten weergeven. Klik op de knop **Publiceren**.

Toepassen

Ga naar **Dashboard > Pagina's**. Klik op een pagina. Vanuit het onderdeel **Header** onderaan de pagina, selecteer je de bijbehorende **Header**.

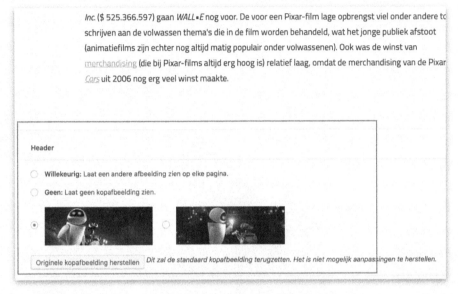

Klik daarna op de knop **Updaten**.

Is de pagina opgenomen in de navigatiebalk dan wordt de nieuwe header vertoond nadat een bezoeker hierop heeft geklikt.

BACKUP

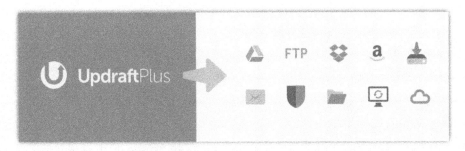

Een webhost maakt regelmatig een backup van je website. Wil je hiervan niet afhankelijk zijn dan kun je gebruik maken van de plugin **UpdraftPlus WordPress Backup Plugin**. Met deze plugin kun je zelf snel en eenvoudig backups maken.

Daarnaast kun je eenvoudig terugkeren naar een vorige opgeslagen versie. Met behulp van de instellingen kun je aangeven waar je een backup wilt bewaren. Dit kan in de cloud of op je eigen computer.

Installeren

1. Ga naar **Dashboard > Plugins > Plugin toevoegen**.

2. Typ in het zoekveld *UpdraftPlus WordPress Backup Plugin*.
3. **Installeer** en **Activeer** de plugin.

Gebruik

Ga naar **Dashboard > UpdraftPlus-Backups**.

Voor een handmatige backup, klik op de knop: **Nu een backup maken**.

Een pop-up venster verschijnt. Hierin wordt aangeven dat een backup wordt gemaakt van je database en WordPress bestanden. Daaronder kun je aangeven dat de backup handmatig mag worden verwijderd.

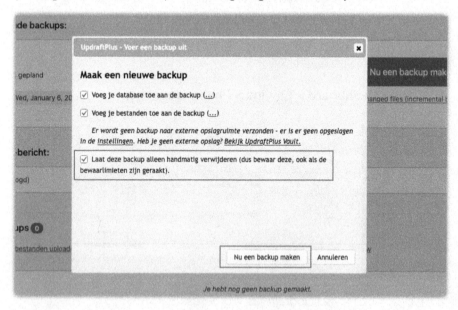

Neem de instellingen over en klik op de knop **Nu een backup maken**.

Een backup is opgeslagen. Met de knop **Terugzetten** is het mogelijk om weer terug te keren naar een vorige versie.

Wil je een backup bewaren op je eigen computer of in de cloud, klik dan op de tab **Instellingen**. Van hieruit kun je aangeven waar de eerstvolgende backup wordt opgeslagen.

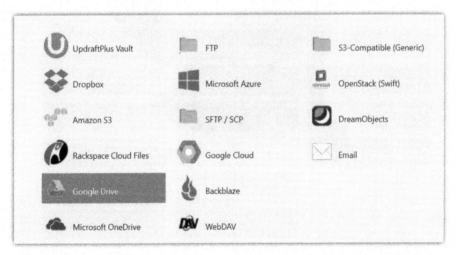

Met de gratis versie is het alleen mogelijk om handmatige backups te maken. Wil je gebruik maken van de volledige versie, waarmee je o.a. automatische backups kunt maken, dan kun je de plugin upgraden naar een Premium versie. Meer info: *https://updraftplus.com*.

SITE BEVEILIGEN

Wordpress is een veilig en uitgebreid getest systeem. Toch komt het weleens voor dat een WordPress site wordt gehackt. Dit heeft vaak te maken met de beveiliging van een webhost, kwetsbaarheden in plugins, zwakke gebruikersnamen en wachtwoorden of er wordt gebruik gemaakt van een oude WordPress versie.

Met **Solid Security** is het mogelijk om een site extra te beveiligen.
Het kan potentiële gaten dichten, automatische aanvallen tegengaan en de inlog-procedure versterken.

Installeren

1. Ga naar **Dashboard > Plugins > Plugin toevoegen**.
2. Typ in het zoekveld *Solid Security*.
3. **Installeer** en **Activeer** deze plugin.

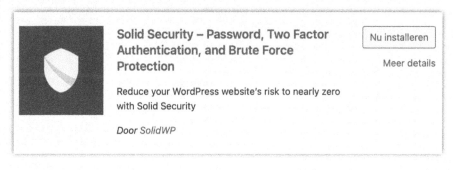

Ga naar **Dashboard > Beveiliging**. Met behulp van een configuratie procedure kun je de website beveiligen. Selecteer de optie die het beste je site weergeeft.

Beantwoord een paar vragen om snel de belangrijkste beveiligingsfuncties voor deze site in te schakelen.

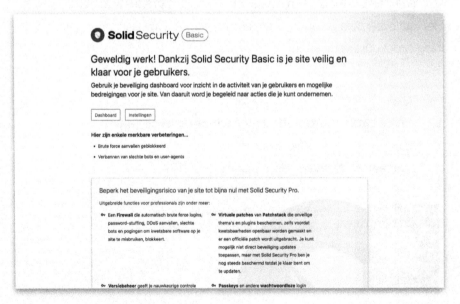

Daarna krijg je krijgt een overzicht te zien.

Ga naar **Dashboard > Beveiliging > instellen** om gebruik te maken van andere functies.

Onder **Functies > Firewall** is het mogelijk om gebruik te maken van **Netwerk Brute Kracht Beveiliging**.

Met de knop **Hulp** krijg je extra uitleg te zien hoe je gebruik kunt maken van beveiligingsfuncties.

Wil je gebruik maken van één of meer functies klik dan op de knop **Inschakelen**, daarna kun je een optie **configureren**.

Wil je volledig gebruik maken van deze plugin dan heb je de Pro versie nodig. Je kan de plugin upgraden vanaf $99,-.

Meer info: *https://solidwp.com/security*.

LOKALE SITE VERHUIZEN NAAR HET INTERNET

Met behulp van een lokale webserver zoals LOCAL of MAMP heb je een WordPress site op je eigen computer. Nu wil je dit graag online hebben staan.

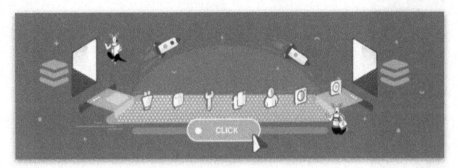

Met de plugin **All-in-One WP Migration** is het mogelijk om een website te verhuizen. In dit hoofdstuk wordt een lokale WordPress site geëxporteerd. Daarna geïmporteerd naar een online webhosting.
Andersom werkt deze methode ook.

Het bestand waarmee je de website exporteert is tevens een backup van de website.

Plugin installeren

1. Ga naar **Dashboard > Plugins > Plugin toevoegen**.
2. Typ in het zoekveld *All-in-One WP Migration*.
3. **Installeer** en **Activeer** de plugin.

Site exporteren

1. Ga naar **Dashboard > All-in-One WP Migration**.

   Klik op de knop **Exporteer naar**. Kies voor de optie **Bestand**.

2. Het systeem wordt gescand. Even wachten...

3. Klik op de groene knop **DOWNLOAD LOCALHOST**.

4. Het exporteer-bestand met de extensie **.wpress** is te vinden in de folder **Downloads**.

Site importeren

1. Ga naar je webhost (b.v. Vimexx) en installeer een nieuwe WordPress site met behulp van een Apps installer of Installatron.

2. In de nieuwe WordPress site **Installeer** en **Activeer** je de plugin **All-in-One WP Migration**.

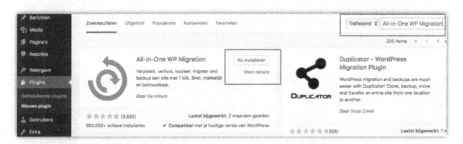

3. Ga naar **Dashboard > All-in-One WP Migration > Importeer**.
4. Klik op **IMPORTEER VANUIT** en kies de optie **Bestand**. Selecteer het **.wpress** bestand of sleep het bestand in het uploadkader.

> **Tip**: Is de site te groot om te importeren, installeer dan ook de plugin:
>
> **All-in-One WP Migration Import**.
>
> De extra plugin kun je hier downloaden:
>
> **https://import.wp-migration.com**

5. Het bestand wordt geïmporteerd.

6. Een extra bericht verschijnt. Klik op **Proceed**.

7. De site (data) is succesvol geïmporteerd!

8. Neem het bericht goed door. Het geeft aan dat je de permalinks 2x moet opslaan. Klik op **Close**. Log daarna opnieuw in.

9. Let op! Gebruik de inloggegevens van je geïmporteerde site.

10. Ga naar **Dashboard > Instellingen > Permalinks**.
Kies voor de instelling **Berichtnaam**.

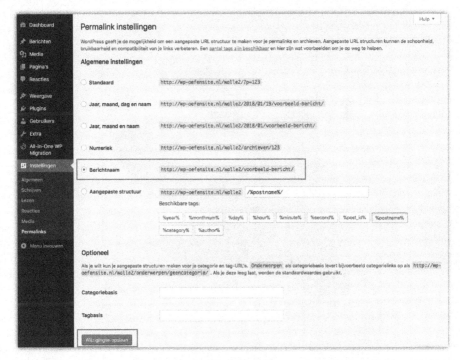

11. Klik **2x** op de knop **Wijzigingen opslaan**.

Gefeliciteerd! Je WordPress site is succesvol geïmporteerd.

Tip: Exporteer na het wijzigen of updaten van de website regelmatig een **.wpress** bestand. Bewaar het bestand goed. Het is tevens een backup van de site.

ZOEKMACHINE OPTIMALISATIE

Ben je klaar met een site, dan wil je dat deze goed wordt doorzocht door zoekmachines. In dat geval kun je een SEO plugin gebruiken.

SEO staat voor **Search Engine Optimization**.
Een van de SEO plugins waar je niet omheen kan is **Yoast SEO**.

Installeren

1. Ga naar **Dashboard > Plugins > Plugin toevoegen**.
2. Typ in het zoekveld *Yoast SEO.*
3. **Installeer** en **Activeer** de plugin.

Gebruik

Heb je eenmaal de plugin geactiveerd, dan word je geconfronteerd met veel opties. Gelukkig heeft de maker een overzichtelijke handleiding online staan. Zie: https://yoast.com/wordpress-seo. Ik zal in het kort opsommen hoe je deze plugin kan gebruiken.

Permalinks

Zorg ervoor dat je **Permalink** is aangepast.

Ga naar **Dashboard > Instellingen > Permalinks**.

Onder **Algemene instellingen** kies je voor **Berichtnaam**.

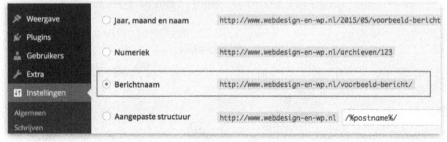

WWW of geen WWW

www.site.nl en **site.nl** zijn twee verschillende URL's ook voor Google.

Hoe weet jij of jouw website www of geen www gebruikt. Typ jouw adres in *zonder www* ervoor. Wordt de site ingeladen met *www* in de adresbalk kies dan voor een URL adres *met www*. Heb je geen *www* in het adres en wil je dit wel neem dan contact op met je webhost.

Ga naar **Dashboard > Instellingen > Algemeen**.

Bij (URL) wordt vertoond of je wel of geen www gebruikt.

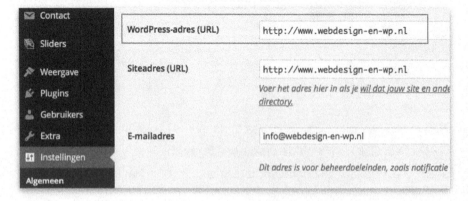

SEO regels

Voordat je verder gaat is het handig om iets meer te weten over SEO.
Er zijn een aantal regels die je moet kennen. Volg je deze regels dan is de
kans groot dat een zoekmachine jouw website beter kan vinden. Een plugin geeft je geen garantie dat de website goed wordt gevonden. Het is
maar een hulpmiddel die er voor zorgt dat de content in orde is.

Titel van de website en pagina's

Een belangrijk onderdeel om gevonden te worden is de **titel** van jouw site
en **titels** van de pagina's. Dit wordt bovenin de browser vertoond en als
linktekst bij Google.

> www.wp-boeken.nl ▾
> ## WP Boeken – WordPress Boeken Voor Beginners en ...
> WP **Boeken** · Bestellen · Contact. Menu Close. Bestellen · Contact · **WordPress** Basis ·
> **WordPress** Gevorderd · **WordPress** WooCommerce · **WordPress** Theme ...

▸ Richtlijn: maximaal 65 tekens (incl. spaties).
▸ Gebruik call-to-action of stel een vraag.
▸ Zet je belangrijkste zoekwoord/zoekterm vooraan.

Meta description

Een ander onderdeel om gevonden te worden, is de **beschrijving** van
de site en onderliggende pagina's. Dit wordt bij Google onder de titel
vertoond.

▸ Korte beschrijving van de site/pagina.
▸ Richtlijn: maximaal 150 tekens (incl. spaties).
▸ Is gericht op CTR verhoging (Click-Through Rate).
▸ Gebruik zoekwoorden.
▸ Volzinnen is niet per se nodig.

Meta keywords

Dit zijn woorden waarop je gevonden wilt worden. Beperk het tot 10 zoek-woorden of zoekwoord combinaties. Google let niet op keywords, andere zoekmachines wel.

Gebruik

Maak geen gebruik van de installatie-wizard. Klik op **Overslaan**.
Ga vervolgens naar **Dashboard > Yoast SEO > Algemene instellingen**.
In het scherm zie je 2 tabbladen **Dashboard** en **Eerste configuratie**.

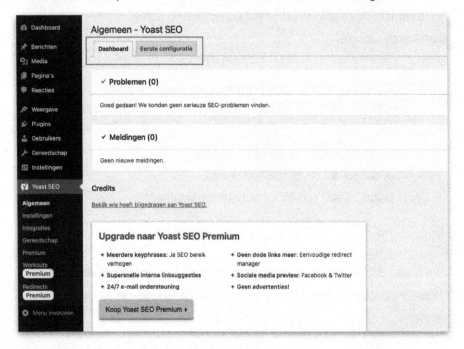

In dit boek gebruiken we de standaardinstellingen van Yoast Dashboard.

Wil je de geavanceerde instellingen gebruiken, ga dan naar **Dashboard > Yoast SEO > Instellingen**. Daar vindt je meer informatie over de verschil-lende functies.

Met behulp van het **?** icoon (rechtsonder) vindt je meer informatie over de diverse instellingen.

Pagina's en Berichten

Ga naar **Dashboard > Pagina's**. Klik op de **Start**-**Pagina**. Onderaan de pagina staat **Yoast SEO**. Hierin kun je informatie zoals een **titel**, **omschrijving** en **keywords** opnemen of bewerken.

Met **Google preview** kun je het resultaat bekijken.

In het veld **SEO-titel** en **Meta-beschrijving** kan je de informatie aan-passen. Het kleurbalkje daaronder geeft aan of dit volgens de SEO regels is ingevoerd.

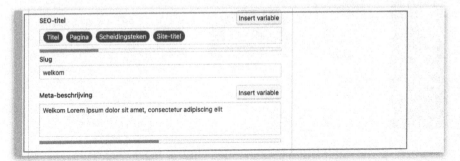

Onder **Focus keyphrase** mag je zoekwoorden plaatsen. Dit zijn woorden waarmee jouw site gevonden wil worden. Onder **SEO-analyse** krijg je aanwijzingen te zien. Met dit advies kun je zoekwoorden aanpassen.

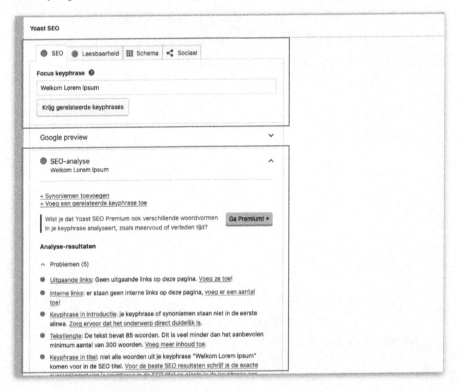

Onder **Geavanceerd** kun je aangeven of een pagina wel of niet door een zoekmachine gevolgd mag worden.

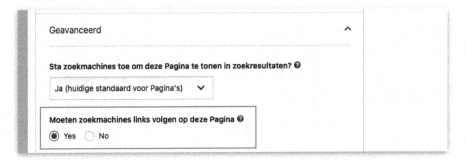

Het is goed om aan te geven wanneer een pagina niet moet worden gevolgd. Hiermee maak je kenbaar wat de belangrijkste onderdelen van je website zijn.

Klik op het tabje **Leesbaarheid**. In dit gedeelte krijg je meer informatie over hoe de leesbaarheid van de pagina te verbeteren is.

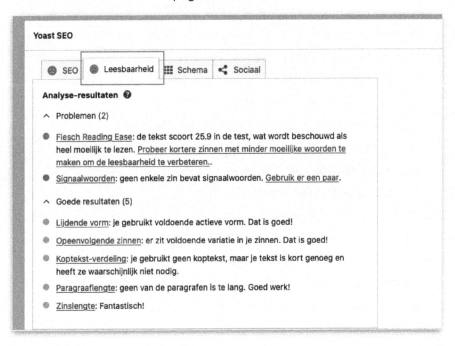

Ben je klaar met het invoeren van SEO informatie vergeet dan niet op de knop **Updaten** te klikken.

Heb je alles volgens de SEO regels inge-voerd dan staat het stoplicht op groen. Kleurt het stoplicht rood, neem dan alle aanwijzingen nog eens door.

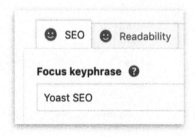

Meer SEO Tips

▸ Meld de website aan bij zoekmachines.
b.v. http://www.google.nl/intl/nl/add_url.html.

▸ Meer links van websites naar jouw website, hoe beter jouw site wordt gevonden.

▸ Links vanaf een website met een hoge pagerank verhogen je eigen pagerank.

▸ Maak een lijst met woorden waar jouw website op gevonden moet worden. Plaats deze woorden in de titel. Meerdere woorden zijn moge-lijk, maar plaats er niet te veel.

▸ Plaats relevante woorden in de titels en subtitels van de website.

▸ Gebruik voor subtitels Koptekst 2.

▸ Plaats de relevante zoekwoorden in de website tekst.

▸ Gebruik tekst en geen tekstafbeeldingen.

▸ Geef je afbeeldingen een duidelijke naam (niet: DCIM34262.jpg).

▸ Zorg dat de website snel laad.
Check site: *http://developers.google.com/speed/pagespeed/insights.*

De plugin Yoast SEO is maar een tool waarmee een website beter word geïndexeerd door zoekmachine's. Het geeft je geen garantie dat je boven-aan komt te staan. Laat je niet leiden door het stoplicht.

Groen is goed, oranje is ook goed. Wil je bovenaan in een zoeklijst staan, maak dan gebruik van Google Ads en gebruik je creditcard.

PRIVACY EN COOKIES

Verzamel je met een website gebruikersgegevens, dan ben je volgens de Europese privacywetgeving AVG (GDPR) wettelijk verplicht om aan te geven wat er met deze gegevens gebeurt. **AVG** staat voor **A**lgemene **V**erordening **G**egevensbescherming. In het Engels is dit **GDPR**, **G**eneral **D**ata **P**rotection **R**egulation.

Door een Privacyverklaring in een website op te nemen, is het mogelijk om bezoekers te informeren en toestemming te vragen voor het plaatsen van cookies.

Na een standaard WordPress installatie zijn er een aantal pagina's aangemaakt waaronder een concept-pagina met de titel **Privacy Policy**.
Deze pagina is gedeeltelijk ingevuld en staat klaar voor gebruik.

Wil je precies weten waaraan een AVG pagina moet voldoen kijk dan eens naar een website van conculega's. Eigenlijk komt het er op neer dat je precies aangeeft wat er met deze gegevens gebeurt. Bijvoorbeeld:

- Wat is het doel, b.v. voor het versturen van nieuwsbrieven.
- Welke gegevens worden gebruikt, b.v. e-mailadressen.
- Wie bewaart de gegevens.
- Worden deze gegevens gepubliceerd.
- Welke partijen hebben toegang tot deze gegevens, b.v. Google of Facebook.
- Hoe lang worden deze gegevens bewaard.
- Hoe worden gegevens beveiligd, b.v. met een SSL-certificaat.
- Kunnen klanten/gebruikers gegevens wissen.

Wil je gebruik maken van de standaard **Privacybeleidspagina** ga dan naar: **Dashboard > Instellingen > Privacy**.

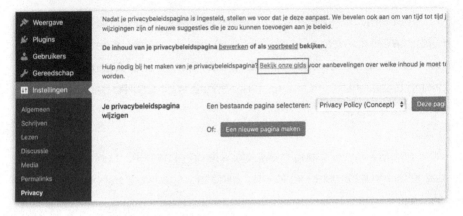

Klik op de link **Bekijk onze gids**.

Een Nederlandse versie is zichtbaar en staat klaar om te kopiëren.

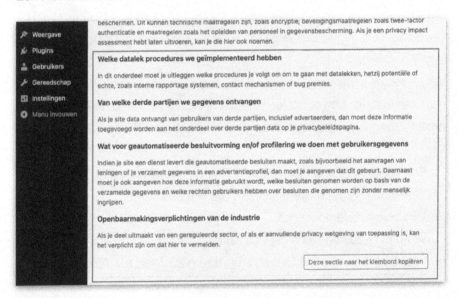

Klik op de knop **Deze sectie naar het klembord kopiëren**. Ga vervolgens naar **Dashboard > Pagina's** en selecteer de pagina **Privacy Policy**. Vervang de tekst en voeg extra informatie toe daar waar nodig is.

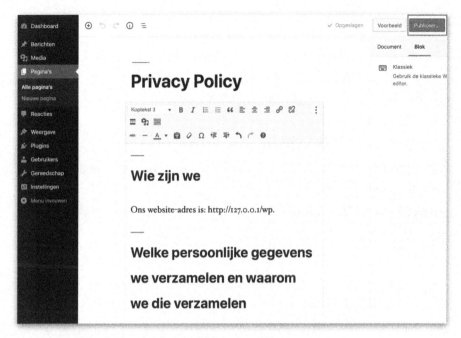

Daarna zorg je ervoor dat de pagina wordt gepubliceerd.

Klik op de knop **Publiceren**.

Plaats daarna een link van de pagina in het menu, footer of in een zijbalk.

De website is hiermee voorzien van een Privacyverklaring.

AVG (GDPR) Plugin

Met een **AVG/GDPR** plugin is het mogelijk om bezoekers te informeren en toestemming te vragen voor het plaatsen van cookies. Een link naar een privacyverklaring hierin opnemen is ook mogelijk.

Er zijn een twee soorten cookies:

Functionele cookies, nodig voor het functioneren van een website b.v. WordPress cookies.

Analytische en **Marketing** cookies, dit zijn Third-party cookies geleverd door b.v. Google of Facebook.

Tip! Een aantal AVG/GDPR plugins maken gebruik van Cookie scanners. Dit houdt in dat de plugin samenwerkt met tracking (volg-plugins, zoals b.v. een Google analytics of Facebook pixel plugin.

Heb je geen idee welke cookies jouw website gebruikt ga dan naar een online cookie checker: *www.cookiemetrix.com*.

Installeren

1. Ga naar **Dashboard > Plugins > Plugin toevoegen**.
2. Typ in het zoekveld *Complianz – GDPR/CCPA Cookie Consent*.
3. **Installeer** en **Activeer** de plugin.

Gebruik

Ga naar **Dashboard > Complianz > Wizard**.

De Wizard leidt je door een aantal stappen om de website te configureren.

Bij **Algemeen > Bezoekers** geef je aan welke privacywet je wil gebruiken.

Er zijn een paar dingen die je kunnen helpen tijdens de configuratie:

▸ Beweeg je muis over de vraagtekens voor meer informatie.

▸ Belangrijke meldingen worden in de rechterkolom getoond.

▸ Je kunt een ticket indienen indien je hulp nodig hebt.

Onder **Algemeen > Documenten** geef je aan welke pagina's worden gebruikt worden voor Cookiebeleid, Privacyverklaring en Disclaimer.

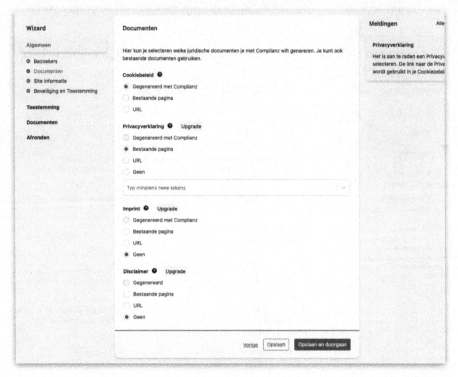

Onder **Toestemming > Site scan** scan je de website voor cookies. De scan herhaalt maandelijks om de site up to date te houden.

Onder **Toestemming > Statistieken configuratie** geef je aan of er gebruik wordt gemaakt van Google Analytics. Daarna is het mogelijk om de **Tracking ID** in te voeren. Let op! Het is niet nodig om hiervoor een extra plugin te installeren.

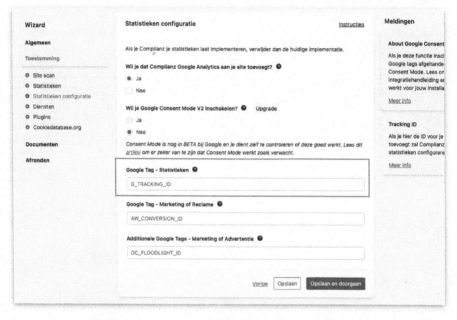

Voor meer informatie ga naar: *complianz.io/docs*.

Cookie banner vormgeven

Ga naar **Dashboard > Complianz > Consent banner**.

In dit onderdeel kun je de banner vormgeven.

Onder **Algemeen** kun je o.a. de banner uitschakelen en de titel beheren.

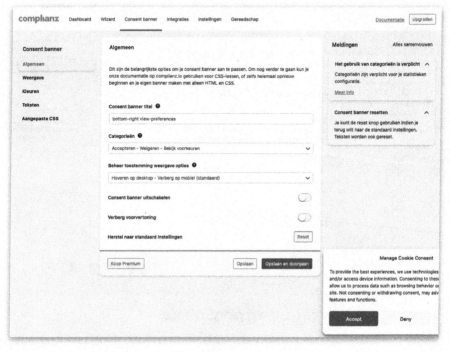

Een preview wordt in het scherm rechtsonder vertoond.

Onder **Weergave** geef je o.a. de positie aan en overige visuele instellingen.

Onder **Kleuren** is het mogelijk om kleur en stijl aan te passen.

Onder **Teksten** is het mogelijk om tekst en bericht aan te passen.

Onder **Aangepaste CSS** kun je extra CSS-code toevoegen.

SSL - BEVEILIGDE SITE

Internetbrowsers waarschuwen bezoekers als een website niet in het bezit is van een SSL-certificaat. In het adresbalk krijg je dan ook de volgende tekst te zien: **! Niet beveiligd**. Een van de eerste handelingen na een online WordPress installatie is dan ook om je website te voorzien van een SSL-certificaat. Dit staat voor **S**ecure **S**ockets **L**ayer. Met een SSL-certificaat ontstaat er een gecodeerde verbinding tussen de server en bezoeker.

Met http**s**:// in een adresbalk weet je dat een website beveiligd is. Daarnaast is ook een **slot-icoon** te zien.
Een SSL-certificaat kun je kopen. Je mag ook gebruik maken van een gratis certificaat van **Let's Encrypt**.

Free SSL activeren kan alleen met behulp van je webhost. De volgende procedure geeft aan hoe je SSL kunt activeren bij **Vimexx**. Heb je een andere webhost dan kan het zijn dat een andere procedure gevolgd moet worden. In dat geval kan de webhoster je hierbij helpen.
Ga naar Vimixx **DirectAdmin** (http://www:domein.nl:2222).

Ga naar **Advanced Features** en klik op **SSL Certificates**.

Selecteer **Free & automatic certificate from Let's Encrypt**.
Gebruik het e-mailadres van de website en klik op **Save**.

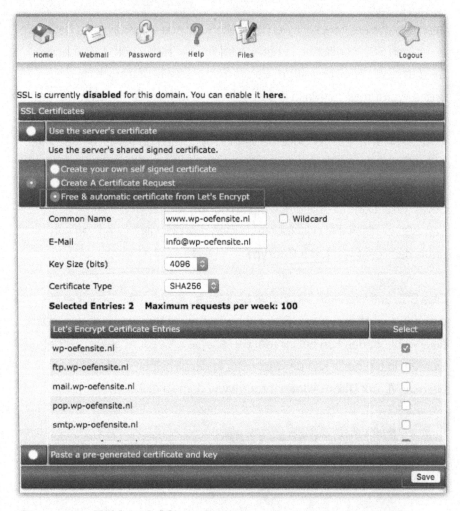

(Tip: activeer **Wildcard**, SSL werkt daarna ook met sub-domeinen.)
Klik op **Home** (huisicoon) en klik daarna op **Domain Setup**.

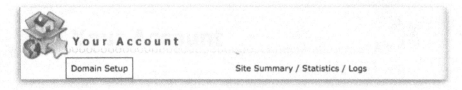

Klik op je **domeinnaam**.

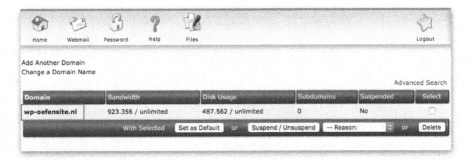

Activeer **Secure SSL** en **Use a symbolic link from...**

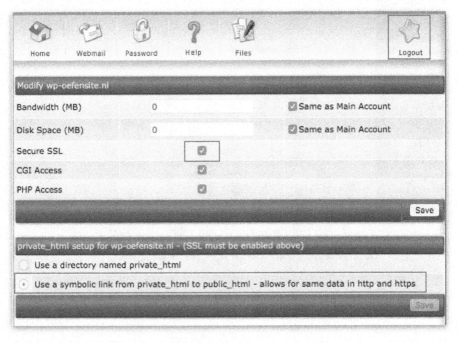

Klik op **Save** daarna op **Logout**.

Het SSL-certificaat is nu gekoppeld aan je domeinnaam.
De laatste stap is om SSL vanuit je WordPress site te activeren.

Ga naar de WordPress website en log in.

SSL activeren in Wordpress

Nadat het SSL-certificaat is gekoppeld aan een domeinnaam ziet het systeem automatisch of een certificaat beschikbaar is. Vanuit WordPress mag worden aangeven dat je hiervan gebruik wil maken.

Om SSL vanuit WordPress te activeren ga naar:
Dashboard > Gereedschap > Site Diagnose.

In het scherm is te zien dat de website geen gebruik maakt van HTTPS.
Klik op de knop **Update your site to use HTTPS**.

Bekijk je website en adresbalk.

Mocht het updaten niet helemaal lukken of maak je gebruik van een vorige versie dan kun je altijd nog gebruik maken van de plugin Really Simple SSL.

SSL activeren met een plugin

Installeer en **activeer** de plugin **Really Simple SSL**.

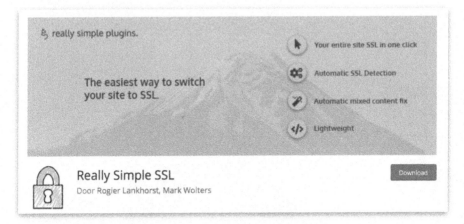

Klik daarna op de knop **Go ahead, activate SSL!** Bekijk je website.

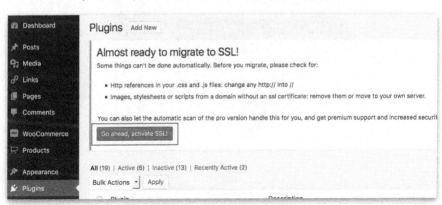

In het adresbalk van je browser is nu een slot-icoon te zien.

TOT SLOT

Je hebt na het lezen van dit boek voldoende kennis opgedaan om zelfstandig een WordPress site op te zetten. Je hebt geleerd om van de computer een webserver te maken en hoe je WordPress kan installeren en configureren.

Je hebt gekeken naar de voorkant en achterkant van WordPress. Daarna heb je het systeem aangepast en een site voorzien van content.

Met plugins heb je meer functionaliteit toegevoegd. Met een thema is de Look and Feel van een site veranderd zonder verlies van content.

Daarna is de site voorzien van extra functionaliteit met betrekking tot beveiliging, AVG, cookies, backups en zoekmachine optimalisatie.

Eenmaal klaar met het inrichten van een lokale site, kun je de website verhuizen naar een remote webhost zodat deze te zien is op het Internet.

Zoals ik in het begin van dit boek heb vermeld, is dit boek praktisch en direct toe te passen. Ik hoop dat ik je een solide basis heb gegeven.

Veel plezier met WordPress!

WordPress Informatie:
wordpress.org.
nl.wordpress.org/support.
wordpress.startpagina.nl.

OVER DE SCHRIJVER

Roy Sahupala, multimedia-specialist

"Multimedia-specialist is maar een titel. Naast het maken van multimedia-producten geef ik al meer dan 26 jaar webdesign-training en blijf ik het leuk vinden als mensen enthousiast worden doordat ze in een korte tijd veel meer kunnen dan ze vooraf voor mogelijk hielden."

Na zijn opleiding industriële vormgeving, is Roy opgeleid als multimedia-specialist. Daarna is hij werkzaam geweest bij verschillende multimedia-bureaus. Sinds 2000 is hij gestart met zijn bedrijf WJAC, With Jazz and Conversations. WJAC levert multimediaproducten voor zeer uiteenlopende klanten en reclamebureaus.

Vanaf 2001 is Roy naast zijn werkzaamheden ook actief als trainer en heeft in samenwerking met verschillende internet opleidingen diverse webdesign trainingen opgezet.

WordPress boeken geschreven door Roy Sahupala:

wp-books.com.